Jesus zur Einführung

Peter Antes

Jesus zur Einführung

JUNIUS

Junius Verlag GmbH
Stresemannstraße 375
22761 Hamburg

Umschlaggestaltung: Florian Zietz
Titelfoto: Bildarchiv Preussischer Kulturbesitz
Satz: Druckhaus Dresden
Druck: Druckhaus Dresden
Printed in Germany 1998
ISBN 3-88506-969-5
1. Auflage April 1998

Die Deutsche Bibliothek – CIP-Einheitsaufnahme

Antes, Peter:
Jesus zur Einführung / Peter Antes. –
1. Aufl. – Hamburg: Junius, 1998
(Zur Einführung; 169)
ISBN 3-88506-969-5
NE: GT

Inhalt

Vorwort

Unzählige Bücher gibt es schon über Jesus. Für jeden Geschmack ist unter diesen etwas dabei. Man findet ebenso zahllose fromme Betrachtungsbücher wie historisch-kritische Studien, so daß Interessierte nur zur vorhandenen Literatur zu greifen brauchen, um eine Antwort auf all ihre Fragen zu finden.

Die Fülle der vorhandenen Bücher macht die Auswahl des richtigen Buches allerdings recht schwierig. Wer in einer einigermaßen gut ausgestatteten Bibliothek nach Büchern über Jesus sucht, wird schnell vor vielen Regalen stehen, in denen die Jesus-Bücher versammelt sind, und nicht wissen, wohin zu greifen und welches auszuwählen ist. Hinzu kommt, daß die gutgemeinte Frage des Bibliothekspersonals, welcher Aspekt dabei von besonderem Interesse ist, die Verwirrung der Suchenden nur noch vergrößert. Wie sollen nämlich Menschen, die eine Erstinformation haben möchten, wissen, welche Detailfragen ihr besonderes Interesse finden, wenn sie über die Einzelprobleme in diesem Zusammenhang nie aufgeklärt worden sind?

Die mangelnde Grundkenntnis ist ein spezielles Problem unserer Zeit. Die religiöse Sozialisation im Sinne einer Einübung in die christliche Kirchen- und Glaubenspraxis ist seit langem im Schwinden begriffen. Infolgedessen muß heute vieles berichtet werden, was früher jedermann durch Kirchgang, Religions-, Konfirmanden- oder Kommunionunterricht bekannt war. Das Schwinden des religiösen Basiswissens aber hat in den letzten Jahren eine weitere Stufe erreicht: die fehlende kulturelle Sozialisation, so daß selbst Grunddaten der Geschichte Jesu den meisten jüngeren Zeitgenossen in Deutschland – insbesondere in den neuen Bundesländern, aber nicht nur dort – völlig unbekannt sind, was einen Kulturabbruch bislang ungekannten Ausmaßes bedeutet. Erste Abhilfe kann nur durch Basisinformationen geschaffen werden. Es geht dabei darum, die wichtigsten Ergebnisse aus den vorliegenden Forschungen so zusammenzufassen, daß Menschen ohne Vorkenntnisse Grundwissen vermittelt wird. Diesem Anliegen will das hier vorgelegte Buch dienen. Seine Zielsetzung ist, die Menschen dort abzuholen, wo sie stehen, und durch die Lektüre soweit einzuführen, daß sie dann mit gezielten Fragen an die Fachliteratur herantreten und diese verstehen können.

Menschen abzuholen, wo sie stehen, setzt voraus, ihren Standort definieren zu können. Es ist der der in der Jesus-Geschichte Unbedarften. Deshalb wird sicherlich vieles gesagt, was traditionell christlich Sozialisierten überflüssig, weil bekannt erscheint. Andererseits besteht die Gefahr, daß eine jahrelange Beschäftigung mit diesen Fragen mich als Autor des Buches soweit von meinen Adressaten entfernt hat, daß doch das eine oder andere ohne Erklärung oder Erläuterung erwähnt wird, weil ich bei meinen Lesern noch zuviel voraussetze. Ich kann nur hoffen, daß solches nur an sehr wenigen Stellen der Fall ist, und bitte um Nachsicht. Durch eine jahrzehntelange Lehrtätigkeit in der Fakultät für Geistes- und Sozialwissenschaften einer deutschen Universität habe ich gelernt, was heute alles erzählt werden muß, um Studierenden Zugang zur Geschichte Jesu zu verschaffen, und ich hoffe, daß diese Erfahrung auch für die Leserinnen und Leser dieses Buches fruchtbar ist. Ich hoffe daher, um es anders zu sagen, daß mir die Gratwanderung gelungen ist, eine Erstinformation zu bieten, die auch ohne religiöse und kulturelle christliche Sozialisation verständlich ist und dennoch

Aspekte enthält, die auch die mit Gewinn lesen, die über wesentlich mehr Wissen in diesem Bereich verfügen.

Die Fülle der vorliegenden Studien zu Jesus eröffnet die Möglichkeit, jede Aussage durch vielfältige Literaturhinweise und weiterführende Untersuchungen abzustützen, so daß ein umfangreicher wissenschaftlicher Apparat entsteht, der die Spezialisten interessiert, den hier angesprochenen Adressaten jedoch wenig nutzt. Aus diesem Grunde habe ich bewußt darauf verzichtet und die Anmerkungen nahezu ausschließlich auf Belege von Zitaten beschränkt, die ich wiederum möglichst spärlich einstreue. Dadurch wird der Text von allem wissenschaftlichen Beiwerk freigehalten, ist aber in seiner Aussagekraft – wie Kenner der Materie leicht feststellen werden – nicht minder wissenschaftlich abgesichert, auch wenn die Belege dafür im Text selbst nicht genannt werden. In gleicher Weise wird auf ein umfangreiches Literaturverzeichnis verzichtet, weil in den wenigen im Literaturverzeichnis aufgeführten Titeln, die zur Vertiefung des Gesagten dienen können, jeweils viele Seiten mit Literatur und Anmerkungen gefüllt sind, so daß das wissenschaftliche Fortschreiten sichergestellt ist. Es wird von einer fortlaufenden Lektüre des Buches ausgegangen. Ich füge deshalb keinen Index bei, der mehr dem Nachschlagen bei Einzelfragen dient und oft dazu verleitet, das Buch gar nicht mehr als ganzes zu lesen. Ich hoffe, daß die Lektüre des Buches Freude macht und zum Nutzen aller ist, die sich darauf einlassen.

Einleitung

Etwa zwei Milliarden Menschen bekennen sich weltweit zu Jesus Christus und heißen deshalb Christen. Hinzu kommt ungefähr eine Milliarde Muslime, die einiges über ihn in ihrem heiligen Buch, dem Koran, erfahren. Muslime haben sich im Lauf der dreizehnhundertjährigen Geschichte des Islam immer wieder mit ihm befaßt. Auch Juden haben sich mit diesem Juden, auf den sich das Christentum als Religionsstifter beruft, beschäftigt. Seit zwei Jahrhunderten interessieren sich Hindus und neuerdings auch Buddhisten für Jesus und seine Lehre, so daß Jesus heute eine der Gestalten ist, mit denen sich Menschen aller Kulturen und Religionen ebenso wie viele Atheisten befassen.

Die Auseinandersetzung mit Jesus, seiner Lehre und der Lehre über ihn hat seit fast zwei Jahrtausenden die Philosophen beschäftigt und mindestens von Augustinus (gest. 430 nach unserer Zeitrechnung) bis Hegel (gest. 1831) die europäische Philosophie zu geistigen Höchstleistungen angespornt, weil es galt, (scheinbare) logische Paradoxa wie das Festhalten am Monotheismus (am Glauben am einen und einzigen Gott) und an der Trinität (d.h. an einen Gott in drei Personen) als nicht widervernünftig, wenn auch denkerisch nie ganz erklärbar, zu erweisen.

Literatur, Kunst und Musik in Europa fanden im Leben Jesu wie in den Lehren des Christentums vielfältige Anregungen, die sich bestens eigneten, thematisch gestaltet zu werden. Deshalb sind das Christentum und insbesondere Jesus neben der griechisch-römischen Mythologie wichtige Schlüssel zum Verstehen und Deuten der abendländischen Kulturtradition.

Die Geschichte Europas hätte ohne Christentum sicherlich anders ausgesehen. Kriege wurden im Namen Jesu geführt, Unterdrückungen geschahen unter Berufung auf ihn, aber auch Revolten wurden mit ihm gerechtfertigt. Die europäische Expansion in der Neuzeit wie der missionarische Aufbruch zur Bekehrung der Welt beriefen sich auf Jesus, so daß Schlimmes und Gutes mit ihm in Verbindung gebracht werden können. Dies gilt für ganze Weltgegenden wie für einzelne Völker in Amerika, Asien oder Afrika, aber auch für das Leben einzelner Menschen in Europa selbst. Wieviel Leid wurde im Namen der christlichen Religion einzelnen Menschen zugefügt, und wieviel Trost, Mut und Opferbereitschaft haben andere im Laufe der Geschichte bis heute aus der christlichen Religion entwickelt. Haben die einen in Jesu Namen gemordet und Menschen geknechtet, so haben andere aus Treue zu ihm Unrecht erlitten und ihr Leben für andere hingegeben. Er diente der Begründung für Haß und Liebe, Strenge und Güte, Folter (z.B. in der Inquisition) und Martyrium. Kein Philosoph hat eine derart ambivalente Rezeptionsgeschichte wie Jesus.

Die Ambivalenz des Jesus-Bildes – so ist zu erwarten – müßte doch durch einen Blick auf und in die Quellen aufzulösen sein. Hierdurch sollte sich entscheiden lassen, wer Jesus war, was er gelehrt hat und was ihn von seinen Zeitgenossen unterscheidet und als besonderen Menschen kennzeichnet. Somit wäre dann auch zu sagen, wie spätere Zeiten ihn uminterpretiert und möglicherweise falsch verstanden haben. Die sicherste Methode ist daher, dem historischen Verlauf zu folgen und zunächst nach dem Jesus des Neuen Testamentes (1.) und somit nach dem historischen Jesus (2.), danach nach der Welt und Umwelt des Neuen Testamentes (3.), des weiteren nach der

Wirkungsgeschichte und Christologie (4.) zu fragen, um schließlich Jesus außerhalb des Christentums (5.) zu betrachten und in einem kurzen Epilog die gewonnenen Einsichten zusammenzufassen.

1. Der Jesus des Neuen Testamentes

Wichtigste Quelle, um etwas über Jesu Leben und Lehre zu erfahren, ist das Neue Testament. Es ist jener Teil der Bibel der Christen, den diese zusammen mit der Hebräischen Bibel der Juden als göttliche Offenbarung ansehen. Während für die Juden die unterschiedlichen Schriften (Bücher) der Hebräischen Bibel allein ihre Heilige Schrift darstellen, glauben die Christen, daß Gottes Offenbarung damit nicht abgeschlossen war, sondern erst mit den Schriften (Büchern) des Neuen Testamentes vollendet ist. Deshalb bezeichnen die Christen die Hebräische Bibel, die sie gemeinsam mit den Juden als Heilige Schrift anerkennen, als Altes Testament. Die Bibel der Juden und die der Christen unterscheiden sich im Umfang: Für die Juden ist sie die Hebräische Bibel allein, für die Christen ist sie das Alte Testament und das Neue Testament in einem.

Die Tatsache, daß das Alte Testament auch für die Christen als Heilige Schrift gilt, ist ein in der Religionsgeschichte einmaliger Fall. Daß eine Religionsgemeinschaft – in diesem Falle das Christentum – aus einer anderen Religionsgemeinschaft – in diesem Falle aus dem Judentum – hervorgegangen ist und die Heilige Schrift der ursprünglichen Religionsgemeinschaft (in diesem Falle: die Hebräische Bibel; so genannt, weil der Originaltext weitestgehend in hebräischer Sprache verfaßt ist) vollständig mitgenommen und weiterhin zusammen mit eigenen Heiligen Texten (in diesem Falle: das Neue Testament, dessen Originaltext in Griechisch überliefert ist) als Heilige Schrift betrachtet hat, ist ohne Beispiel. Gewöhnlich verläuft eine Religionsspaltung geschichtlich so, daß die neue Religionsgemeinschaft für sich neue Heilige Schriften als verbindlich festlegt und nicht mehr an den Heiligen Schriften der ursprünglichen Herkunftsgemeinschaft festhält. Auch im frühen Christentum gab es solche Tendenzen, indem z. B. Marcion (gest. um 160 nach unserer Zeitrechnung) einen solchen vollständigen Bruch mit der jüdischen Herkunft propagierte und die Hebräische Bibel für das Christentum gänzlich ablehnte.

Die neutestamentlichen Schriften sind verschiedenen literarischen Gattungen zuzuordnen. An erster Stelle stehen die vier Evangelien Matthäus, Markus, Lukas und Johannes. Dann folgen die Apostelgeschichte und die Briefe (21 an der Zahl, davon werden vierzehn durch die Tradition dem Paulus zugeschrieben). Den Abschluß bildet die Offenbarung (Apokalypse). Diese insgesamt 27 Schriften des Neuen Testamentes nennt man auch die kanonischen Schriften. Sie sind jedoch nicht die einzigen Quellen über Jesus und seine Lehre. Von jeder dieser Schriftgattungen (Evangelien, Apostelgeschichte, Briefe, Apokalypse) gibt es noch zahlreiche andere Schriften, die nicht als kanonisch gelten und in der Fachliteratur als »apokryph« bezeichnet werden. Formal sind sie oft nicht von den kanonischen zu unterscheiden. Die inhaltlichen Unterschiede zwischen den kanonischen und den apokryphen Aussagen über Jesus sind ebenfalls häufig nicht gravierend, so daß nur Bibelkundige in der Lage sein werden zu sagen, welche Textstelle kanonisch ist und welche nicht. Die Entscheidung darüber, welche Schrift unter die kanonischen aufgenommen und welche ausgeschieden werden soll, ist nicht nach objektiven wissenschaftlichen Kriterien gefällt, sondern allein durch die Tradition bestimmt worden.

Alle uns heute vorliegenden christlichen Texte, die kanonischen wie die apokryphen, sind in griechischer Sprache abgefaßt. Ihre sprachliche Qualität reicht meist nicht an das literarische Griechisch der klassischen griechischen Literatur eines Plato heran. Es ist das sog. Koine-Griechisch des Hellenismus, eine Sprache, die, dem Englischen heute vergleichbar, als Kommunikationsmedium im ganzen Mittelmeerraum zwischen 200 vor unserer Zeitrechnung und ca. 250 nach unserer Zeitrechnung gesprochen und geschrieben wurde. Je nach Gegend und Bevölkerungsschicht sowie sprachlich-kultureller Herkunft enthält diese Sprache Besonderheiten des Vokabulars, des Gebrauchs von Wendungen und des Stils, die es bisweilen leichtmachen, die sozio-kulturelle Herkunft eines solchen Textes zu bestimmen. Als Beispiel sei für den Wortgebrauch auf ein Verbum wie »skandalizein« (Ärgernis geben, zur Sünde verführen) verwiesen, das im Neuen Testament vorkommt (Matthäus 5, 29 u.ö.) und das nur von Griechisch sprechenden Juden verwendet worden ist. Nicht aus jüdischem Milieu Stammende konnten dieses Verbum vermutlich nicht verstehen. Auch die häufige Verwendung von »und« als Verbindung zwischen Sätzen läßt auf Menschen aus dem semitischen Kulturkreis schließen, weil in allen semitischen Sprachen vornehmlich »und« zur Verknüpfung von Sätzen benutzt wird. Die Verwendung des Koine-Griechischen bedeutet für die Texte des frühen Christentums zugleich, daß uns die Aussagen Jesu nicht in der Originalfassung zugänglich, sondern nur als ins Griechische übersetzte Aussprüche überliefert sind, deren ursprünglichen Wortlaut wir nicht kennen, obwohl sich dieser bisweilen durch Rückübersetzung ins Hebräische oder Aramäische rekonstruieren und von daher kontextbezogen deuten läßt. Schließlich wird unter Hinzunahme der Apokryphen des Neuen Testamentes (auch zum Alten Testament gibt es Apokryphe, die bezüglich unserer Thematik jedoch keine Rolle spielen) das Jesus-Bild des frühen Christentums zweifellos recht facettenreich. Falsch ist jedoch die Annahme, daß ein einheitliches Jesus-Bild dann vorläge, wenn man sich allein auf das Neue Testament beschränkte. Auch innerhalb des Neuen Testamentes bestehen große Unterschiede zwischen den einzelnen Schriften. Dies gilt auch und vor allem für die neutestamentlichen Evangelien, weshalb wir mit ihnen beginnen und anschließend die weiteren kanonischen Schriften betrachten wollen, um etwas über den historischen Jesus sagen zu können.

Das Evangelium nach Matthäus

Der erste Text des griechischen Neuen Testamentes wie auch der deutschen Übersetzung des Neuen Testamentes ist das »Evangelium nach Matthäus«.[1] Evangelien sind »frohe Botschaften« für die Gläubigen und stellen eine Art Biographie Jesu dar. Das Evangelium nach Matthäus ist in folgender Weise gegliedert: Vorgeschichte (1, 1 – 4, 11), Jesu Wirken in Galiläa (4, 12 – 13, 58), Jesus auf unsteter Wanderschaft (14, 1 – 20, 34) und Jesu Wirken, Leiden, Tod und Auferstehung in Jerusalem (21, 1 – 28, 20).

Im Detail enthält die Vorgeschichte die Geburts- und Kindheitsgeschichte Jesu und die Vorbereitung des Wirkens Jesu. Die Geburts- und Kindheitsgeschichte beginnt mit einem Stammbaum Jesu, der bis auf David und Abraham zurückgeht und Jesus über Joseph, den Mann Marias, der Mutter Jesu, in diese große historische Tradition stellt, wobei manche Generationen bisweilen recht pauschal abgehandelt werden. Joseph wird als »gerecht«, d.h. als heiligmäßiger Mann im Sinne des Judentums, beschrieben, dessen Verlobte »durch das Wirken des Heiligen Geistes« (1, 18) – wie es des Nachts ein Engel Joseph im Traum erklärte – ein Kind erwartet. Als das Kind in Bethlehem, wo die beiden offenbar wohnen, zur Welt gekommen ist, treffen in Jerusalem Sterndeuter (Magier, Weise) aus dem Orient ein und erkundigen sich nach einem neugeborenen König der Juden. Sie werden zu König Herodes geführt und fragen ihn nach dem Kind. Herodes aber weiß nichts über diese Angelegenheit, befragt seine Berater, die Texte aus der Hebräischen Bibel zitieren, denen zufolge der ersehnte Retter Israels aus Bethlehem kommen solle. Die Weisen verlassen daraufhin Jerusalem und sehen erneut am Himmel den Stern, der sie schon bis nach Jerusalem geführt hat und sie nun weiterführt. So finden sie schließlich in einem Haus Maria, Joseph und das Kind, knien vor Jesus nieder und überreichen ihm Gold, Weihrauch und Myrrhe. Dann verlassen sie diesen Ort und ziehen in ihre Heimat zurück, ohne erneut zu Herodes zu gehen, obwohl dieser sie darum gebeten hat. Herodes seinerseits verfügt, daß alle Knaben bis zum Alter von zwei Jahren getötet werden. Jesus wird davor gerettet, weil des Nachts Joseph ein Engel erscheint und ihm aufträgt, unverzüglich Bethlehem zu verlassen, mit Maria und Kind nach Ägypten zu fliehen und sie vor den Soldaten des Herodes in Sicherheit zu bringen. Erst nach dem Tod des Herodes kehrt Joseph mit Maria und Kind auf des Engels Geheiß wieder in seine Heimat zurück, wobei er nicht nach Judäa geht, sondern sich in Galiläa in einer Stadt namens Nazareth niederläßt, weil ihm nach der Teilung des Herrschaftsgebietes des Herodes in drei Gebiete Galiläa als das für ihn sicherste erscheint. Über den weiteren Verlauf von Kindheit und Jugend enthält das Evangelium nach Matthäus keine Angaben.

Das Evangelium nach Matthäus berichtet dann im Zuge der Vorbereitung von Jesu Wirken vom Auftreten eines Bußpredigers und Täufers namens Johannes, der asketisch lebend umherzieht und die Menschen auf die anbrechende Gottesherrschaft hinweist. Jesus begegnet ihm am Jordan und läßt sich von ihm taufen, obwohl Johannes Jesu Bitte um die Taufe merkwürdig vorkommt und er ihr zunächst nicht nachkommen will. Jesus aber bittet ihn inständig, so daß Johannes ihn schließlich tauft. Der Text des Matthäus beendet den Bericht über die Taufe Jesu mit der Schilderung einer Öffnung des Himmels, aus dem der Geist Gottes wie eine Taube herabkommt und eine Stimme aus dem Himmel spricht: »Das ist mein geliebter Sohn, an dem ich Gefallen gefunden habe.« (3, 17) Anschließend zieht sich Jesus vierzig Tage und vierzig Nächte zum Fasten in die Wüste zurück, wo er dreimal vom Teufel versucht wird, dessen Versuchungen er jedoch widersteht. In diesem Sinne als Sieger über die teuflischen Nachstellungen ausgewiesen, trat Jesus nun in Galiläa öffentlich auf.

Jesu Wirken in Galiläa setzt in einem gewissen Sinne die Mahnpredigt von Johannes dem Täufer in einer Zeit fort, als dieser gerade ins Gefängnis geworfen worden ist. Die Botschaft Jesu lautet: »Kehrt um! Denn das Himmelreich ist nahe.« (4, 17) Jesus versammelt um sich die ersten Jünger und zieht in Galiläa umher, lehrt in den Synagogen, verkündet die Frohe Botschaft vom Kommen des Reiches Gottes und heilt Kranke. Sein Ruf verbreitet sich schnell in ganz Galiläa, aber auch darüber hinaus. Ein Höhepunkt aus dieser Zeit ist die Bergpredigt mit Seligpreisungen (5, 3–12), Jesu Stellung zum Gesetz (5, 17–20), der klaren Unterscheidung von alter und neuer Vorstellung von Gerechtigkeit (5, 21–48) sowie von wahrer und falscher Frömmigkeit (6, 1–18). Weitere Höhepunkte sind ein Wunderzyklus mit zehn Wundern (8, 1 – 9, 34), die Aussendung der Jünger (9, 36 – 11, 1), die Schelte der jüdischen Gesetzeseiferer wegen Unglaubens und falschen Religionsverständnisses (11, 2 – 12, 50) und sieben Gleichnisse über das Himmelreich (13, 1–52). Jesu Wirken in Galiläa endet mit Jesu Verwerfung in Nazareth (13, 53–58).

Der zweite große Teil des Evangeliums behandelt Jesus auf unsteter Wanderschaft. Er berichtet vom Ende Johannes des

Täufers, erwähnt weitere Wunder Jesu und kennt mehrere Versuche Jesu, sich wieder aus der Öffentlichkeit zurückzuziehen. Er schildert auch Auseinandersetzungen mit den damaligen religiösen und politischen Führern des jüdischen Volkes: Pharisäern und Sadduzäern. Wichtige Passagen betreffen das Messiasbekenntnis des Petrus (»Du bist der Messias, der Sohn des lebendigen Gottes«, 16, 16), worauf Jesus Petrus in besonderer Weise hervorhebt und sagt: »Du bist Petrus [d.h. Felsenmann], und auf diesen Fels will ich meine Kirche bauen, und die Mächte der Unterwelt werden sie nicht überwältigen.« (16, 18). In diesem zweiten Teil erfolgen auch die ersten Ankündigungen des Leidens als unausweichbaren Ergebnisses von Jesu Wirken, die Verklärung Jesu auf einem hohen Berg in Gegenwart dreier seiner Jünger als Vorankündigung der Auferstehung und die Verpflichtung der Jünger zur Selbstverleugnung und zum Verzeihen.

Der dritte und letzte Teil enthält weitere Gleichnisse und Ankündigungen von Jesu Leiden und Tod. Die von ihm verkündete neue Ordnung faßt er so: »Ihr wißt, daß die Herrscher ihre Völker unterdrücken und die Mächtigen ihre Macht über die Menschen mißbrauchen. Bei euch soll es nicht so sein, sondern wer bei euch groß sein will, der soll euer Diener sein, und wer bei euch der Erste sein will, soll euer Sklave sein. Denn auch der Menschensohn [eine in den Evangelien häufig für Jesus verwendete Titulierung] ist nicht gekommen, um sich dienen zu lassen, sondern um zu dienen und sein Leben hinzugeben als Lösegeld für viele.« (20, 25–28) Er kündet den Untergang Jerusalems und das Ende der Welt an und mahnt zur Wachsamkeit, die Zeichen der Zeit zu erkennen und zu Gott zurückzukehren, denn im Weltgericht gibt es nur ein Kriterium der Rettung: die tätige Hilfe für die in Not Befindlichen, die »geringsten Brüder«: »Denn ich war hungrig, und ihr habt mir zu essen gegeben; ich war durstig, und ihr habt mir zu trinken gegeben; ich war fremd und obdachlos, und ihr habt mich aufgenommen; ich war nackt, und ihr habt mir Kleidung gegeben; ich war krank, und ihr habt mich besucht; ich war im Gefängnis, und ihr seid zu mir gekommen, [...] Amen [d.h. fürwahr], ich sage euch: Was ihr für einen meiner geringsten Brüder getan habt, das habt ihr mir getan.« (25, 35 f. 40) Dementsprechend gilt umgekehrt: »Amen, ich sage euch: Was ihr für einen dieser Geringsten nicht getan habt, das habt ihr auch mir nicht getan.« (25, 45)

Die danach folgenden Kapitel (26–28) beschreiben Jesu Leiden, Tod und Auferstehung. Sie berichten über die letzten Erlebnisse Jesu mit seinen Jüngern, sie schildern den feierlichen Einzug Jesu in Jerusalem, den Todesbeschluß des Hohen Rates der jüdischen Schriftgelehrten und Ältesten (der höchsten richterlich-politischen Instanz des damaligen Judentums in Israel), den Verrat Jesu durch Judas und die Vorgänge bei der Vorbereitung und Durchführung des letzten Mahles, das Jesus mit seinen Jüngern hielt. »Während des Mahles nahm Jesus das Brot und sprach den Lobpreis; dann brach er das Brot, reichte es den Jüngern und sagte: Nehmt und eßt; das ist mein Leib. Dann nahm er den Kelch, sprach das Dankgebet und reichte ihn den Jüngern mit den Worten: Trinkt alle daraus; das ist mein Blut, das Blut des Bundes, das für viele vergossen wird zur Vergebung der Sünden.« (26, 26 f.) Danach geht Jesus mit seinen Jüngern zum Ölberg gegenüber dem Stadtzentrum von Jerusalem, verharrt dort im Gebet und wird schließlich festgenommen. Der Bericht über die Verhörung Jesu vor dem Hohen Rat läßt eine gewisse Verlegenheit bei der Anklage erkennen. Erst als Jesus auf die Frage: »Bist du der Messias, der Sohn Gottes?« mit »Du hast es gesagt« antwortet (vgl. 26, 63 f.), scheint die Anklage gesichert zu sein, und man wagt es, Jesus dem römischen Statthalter Pilatus vorzuführen, der allein das Recht hat, ein Todesurteil zu fällen und rechtskräftig vollstrecken zu lassen. Pilatus, dem

Jesus vorgeführt wird, fragt Jesus: »Bist du der König der Juden?«, und Jesus antwortet ihm: »Du sagst es.« (27, 11) Ansonsten wird von keinen weiteren Gesprächen zwischen Pilatus und Jesus berichtet. Es scheint, als wolle Pilatus Jesus freilassen, doch der Unmut der Massen nimmt zu und wiederholt immer wieder dieselbe Forderung: Kreuzige ihn! Auch ein Versuch des Pilatus, ihm die Freiheit durch Begnadigung zu schenken, mißlingt, weil sich das Volk für Barabbas, einen berüchtigten Mann, der im Gefängnis sitzt, entscheidet. So läßt Pilatus Wasser bringen, wäscht seine Hände in Unschuld und entspricht dem Begehren des Volkes. Jesus wird gegeißelt, d. h. ausgepeitscht, verspottet (man flechtet für ihn eine Dornenkrone und legt ihm einen purpurroten Mantel um) und zur Kreuzigung geführt. Auf dem Weg zur Kreuzigung zwingen die Soldaten des Pilatus einen Mann, der des Weges daherkommt, Jesus das Kreuz tragen zu helfen. Dann werden Jesus die Kleider ausgezogen, und er wird zusammen mit zwei Räubern gekreuzigt, endet somit am Galgen der damaligen Zeit. Von allen Seiten verlacht und verspottet, stirbt Jesus nach langem Ringen mit dem Tode mit einem Schrei der Verzweiflung, indem er Psalm 22, 2 zitiert: »Mein Gott, mein Gott, warum hast du mich verlassen?« (27, 46)

Was nun in der Beschreibung folgt, erinnert an die Bilder der Hebräischen Bibel vom Kommen des Gottesreiches: Finsternis herrscht im Lande, der Vorhang im Tempel zerreißt, die Erde bebt, Felsen spalten sich, die Gräber öffnen sich, und die Toten stehen auf. Selbst der römische Hauptmann und die Männer, die mit ihm Jesus bewachen, ahnen Ungewöhnliches und bekennen: »Wahrhaft, das war Gottes Sohn!« (26, 54) Bezeichnend ist, daß offenbar viele Frauen Jesus auch in dieser letzten Stunde die Treue halten, während die Mehrzahl seiner Jünger das Weite sucht. Nur von einem Mann ist noch die Rede: Joseph von Arimathäa, der Pilatus bittet, ihm den Leichnam zu überlassen.

Er bestattet ihn in einem Grab, das er in den Felsen hat hauen lassen, und verschließt das Grab, indem er einen großen Stein vor seinen Eingang wälzt. Die Hohepriester erinnern sich, daß Jesus zu Lebzeiten von seiner Auferstehung am dritten Tag gesprochen hat, und bitten Pilatus, das Grab drei Tage lang bewachen zu lassen. Am Tage nach dem Sabbat (also am Sonntagmorgen) gehen zwei Frauen, Maria aus Magdala und eine weitere Maria, in der Morgendämmerung zum Grab, es kommt zu einem Erdbeben, und sie sehen einen Engel, der den Stein wegwälzt und sagt: »Fürchtet euch nicht! Ich weiß, ihr sucht Jesus, den Gekreuzigten. Er ist nicht hier, denn er ist auferstanden, wie er gesagt hat.« (28, 5 f.) Die Frauen gehen zu den anderen Jüngern, um ihnen dies mitzuteilen. Unterwegs erscheint ihnen Jesus und verkündet ihnen seine Auferstehung. Die Wächter, die das Grab bewacht haben, gehen zu den Hohepriestern und berichten ihnen, was geschehen ist. Diese jedoch bestechen sie und bitten sie zu sagen, daß die Jünger des Nachts gekommen seien und den Leichnam Jesu gestohlen hätten. Die elf Jünger, die Jesus in besonderer Weise um sich geschart hatte, ersteigen einen Berg in Galiläa, wo ihnen Jesus erscheint und den Befehl gibt, seine Botschaft überall zu verkünden. »Darum geht zu allen Völkern, und macht alle Menschen zu meinen Jüngern: tauft sie auf den Namen des Vaters und des Sohnes und des Heiligen Geistes, und lehrt sie, alles befolgen, was ich euch geboten habe. Seid gewiß: Ich bin bei euch alle Tage bis zum Ende der Welt.« (28, 19 f.)

Das Evangelium nach Markus

Das Evangelium, das als zweites im griechischen Neuen Testament und seinen Übersetzungen nach dem Evangelium nach

Matthäus steht, ist das nach Markus. Es ist unter allen Evangelien das kürzeste. Sein Inhalt und Aufbau ist der folgende: Vorgeschichte (1, 1–13), Jesu Wirken in Galiläa (1, 14 – 6, 6 a), Jesus auf unsteter Wanderschaft (6, 6 b – 10, 52) und Jesu Wirken, Leiden, Tod und Auferstehung in Jerusalem (11, 1 – 16, 20).

Die Vorgeschichte des Evangeliums nach Markus ist denkbar kurz. Sie beginnt mit einem Zitat aus dem Buch des Propheten Jesajah der Hebräischen Bibel in der griechischen Übersetzung der Septuaginta, jenes siebzig jüdischen Gelehrten (daher der Name für lateinisch »siebzig«, oft LXX abgekürzt) zugeschriebenen Textes, der von den Griechisch sprechenden jüdischen Gemeinden zur Zeit Jesu benutzt wurde und immer verwendet wird, wo die Hebräische Bibel im griechischen Neuen Testament zitiert wird. Es wird in dieser Jesajah-Stelle auf einen Sendboten, der dem Herrn vorausgeht, und auf eine Stimme in der Wüste hingewiesen, die ruft: »Bereitet dem Herrn den Weg!« (1, 3) Dadurch wird in diesem Evangelium Johannes der Täufer als Wegbereiter Jesu eingeführt. Wie im Evangelium nach Matthäus wird berichtet, daß Jesus sich von Johannes taufen ließ. Auch hier öffnet sich danach der Himmel, und der Geist kommt wie eine Taube auf ihn herab, während eine Stimme aus dem Himmel Jesus als geliebten Sohn bezeichnet. Und wie im Matthäusevangelium folgt auch hier eine vierzigtägige Fastenzeit Jesu in der Wüste mit der Versuchung Jesu durch den Teufel.

Das Wirken Jesu in Galiläa fällt auch hier mit der Festnahme des Johannes zusammen, und die Verkündigung Jesu lautet: »Die Zeit ist erfüllt, das Reich Gottes ist nahe. Kehrt um, und glaubt an das Evangelium!« (1, 15) Es folgt ein Bericht über die Berufung der ersten Jünger, über Jesu Predigt in der Synagoge von Kapharnaum sowie über mehrere Wunder, die Jesus gewirkt hat. Berichtet wird des weiteren von Auseinandersetzungen mit jüdischen Schriftgelehrten, von der Auswahl von zwölf Jüngern, die offenbar in einem besonders engen Verhältnis zu Jesus stehen, und von einer deutlichen Distanzierung Jesu von seiner Familie, denn nicht die Blutsbande sollen mehr zählen, sondern allein das Treueverhältnis zu Gott nach dem Motto: »Wer den Willen Gottes erfüllt, der ist für mich Bruder und Schwester und Mutter.« (3, 35) Danach folgen einige Gleichnisse vom Reich Gottes sowie weitere Wunder und Worte Jesu. Die Reaktion der Leute in Nazareth, der Heimatstadt Jesu, war ablehnend. Ihre Fragen überliefert das Evangelium nach Markus: »Woher hat er das alles? Was ist das für eine Weisheit, die ihm gegeben ist! Und was sind das für Wunder, die durch ihn geschehen! Ist das nicht der Zimmermann, der Sohn der Maria und der Bruder von Jakobus, Joses, Judas und Simon? Leben nicht seine Schwestern unter uns?« (6, 2 f.) Ihre Ablehnung Jesu führt dazu, daß Jesus sich umorientiert und nun der ganzen Region zuwendet.

Jesus auf unsteter Wanderschaft heißt inhaltlich, daß die Zwölf, als Jesus aus seiner Heimatstadt aufbricht und durch die benachbarten Dörfer zieht, in weitere Orte der Umgebung gehen. »Sie trieben viele Dämonen aus und salbten viele Kranke mit Öl und heilten sie.« (6, 13) Auch König Herodes hörte vom Wirken Jesu. Man fürchtete, Jesus könne der wiedererstandene Johannes der Täufer oder ein anderer wiedergekommener Prophet sein, denn Herodes hatte, wie das Evangelium nach Markus kurz darauf berichtet, Johannes den Täufer enthaupten lassen. Ansonsten wird aus dieser Phase vor allem von Wundern Jesu, Gleichnissen und mehreren Ankündigungen von Jesu Leiden, Tod und Auferstehung berichtet.

Der Abschnitt »Jesu Wirken, Leiden, Tod und Auferstehung in Jerusalem« wird eingeleitet durch den feierlichen Einzug Jesu in Jerusalem, wo Jesus von der Bevölkerung herzlich begrüßt wird. Es folgen Reden Jesu, in denen er mit den religiösen

Autoritäten und dem Glauben seiner Zeitgenossen streng ins Gericht geht und ihnen die sofortige Umkehr vor dem nahe bevorstehenden Endgericht als letzte Chance für die Rettung in Aussicht stellt. Die letzten Ereignisse im Leben Jesu beginnen mit dem Beschluß des Hohen Rates der jüdischen Schriftgelehrten und Ältesten, Jesus töten zu lassen. Es folgen die Salbung Jesu durch eine Frau, der Verrat Jesu durch Judas, die Vorbereitung des Passahmahles und der Bericht über dieses, das Jesus zusammen mit den Zwölfen feiert. Wie Matthäus berichtet auch Markus davon, daß Jesus Brot nimmt, es bricht und segnet und seinen Jüngern gibt mit den Worten: »Nehmt, das ist mein Leib.« (14, 22) Dann gibt er ihnen den Kelch mit Wein zu trinken und sagt: »Das ist mein Blut, das Blut des Bundes, das für viele vergossen wird.« (14, 24) Im Anschluß an diese Einsetzung des Abendmahles werden der Gang mit den Jüngern zum Ölberg, die Gefangennahme Jesu aufgrund eines Hinweises von Judas, das Verhör vor dem jüdischen Gericht (Hohen Rat), während dessen Jesus auf die Frage, ob er »der Messias, der Sohn des Hochgelobten« (14, 61) sei, mit Ja antwortet, die Verleugnung Jesu durch Petrus und die Verhandlung Jesu vor dem römischen Statthalter Pilatus geschildert. Dieser fragt Jesus: »Bist du der König der Juden?« Er antwortet ihm: »Du sagst es.« (15, 2) Der Versuch des Pilatus, ihn freizulassen, scheitert, weil das Volk statt dessen die Begnadigung eines Aufrührers namens Barabbas fordert, Jesus aber gekreuzigt sehen will. Pilatus entspricht diesem Wunsch, übergibt Jesus den Soldaten, die mit ihm ihren Spott treiben und ihn schließlich zur Kreuzigung führen, wobei sie einen Mann namens Simon zwingen, ihm das Kreuz tragen zu helfen. Jesu Ringen mit dem Tod dauert mehrere Stunden und endet mit dem Ausruf eines Zitates aus Psalm 22 in der Hebräischen Bibel: »Mein Gott, mein Gott, warum hast du mich verlassen?« (15, 34). Als Begleitumstände schildert das

Evangelium nach Markus eine große Finsternis, das Zerreißen des Tempelvorhanges und das Bekenntnis des Hauptmannes: »Wahrhaftig, dieser Mensch war Gottes Sohn.« (15, 39) Zudem wird erwähnt, daß einige Frauen, die ihm schon in Galiläa gefolgt waren, von weitem das Geschehen mitverfolgen, während die Jünger selbst offenbar das Weite suchen. Der Todestag Jesu ist der Tag vor dem Sabbat und Rüsttag im jüdischen Festkalender. Der Leichnam wird Joseph von Arimathäa, einem vornehmen Ratsherrn, auf dessen Bitte von Pilatus übergeben und in ein Grab gelegt, das durch einen Stein vor der Öffnung verschlossen wird. Die Bestattung selbst wird von zwei Frauen beobachtet. Eine der beiden Frauen ist Maria aus Magdala, die am Tage nach dem Sabbat mit zwei weiteren Frauen zum Grab geht. Das Grab ist offen, ein junger Mann sitzt darin und sagt ihnen, daß Jesus auferstanden sei. Er bittet sie, die Jünger, vor allem Petrus, darüber zu informieren, damit sie sich nach Galiläa begeben, wo sie Jesus sehen würden. Es wird von drei weiteren Erscheinungen Jesu berichtet: vor Maria aus Magdala, zwei Jüngern, die unterwegs sind und aufs Land gehen wollen, und den Elf (d.h. den Zwölf ohne Judas), denen Jesus sagt: »Geht hinaus in die ganze Welt, und verkündet das Evangelium allen Geschöpfen. Wer glaubt und sich taufen läßt, wird gerettet; wer aber nicht glaubt, wird verdammt werden.« (16, 15 f.) Danach »wurde er in den Himmel aufgenommen und setzte sich zur Rechten Gottes. Sie aber zogen aus und predigten überall. Der Herr stand ihnen bei und bekräftigte die Verkündigung durch die Zeichen, die er geschehen ließ.« (16, 19 f.) Der Hinweis auf die letzten drei Erscheinungen Jesu fehlt allerdings in den ältesten uns bekannten Handschriften. Manche haben statt dessen einen anderen kurzen zusammenfassenden Schlußtext: »Und sie berichteten alles, was ihnen aufgetragen worden war, dem Kreis um Petrus. Danach sandte Jesus selbst durch sie vom

Osten bis in den Westen die heilige und unvergängliche Botschaft vom ewigen Heil.« Andere Texte enthalten sogar beide Textstellen.

Das Evangelium nach Lukas

Der dritte Evangelientext, der sich im Neuen Testament findet, ist der nach Lukas, der nach einem kurzen Vorspann (1, 1–4) eine Vorgeschichte (1, 5 – 4, 13), dann Jesu Wirken in Galiläa (4, 14 – 9, 50), einen Bericht über Jesus auf der Reise nach Jerusalem (9, 51 – 19, 27) und den Bericht über Jesu Wirken, Leiden, Tod, Auferstehung und Himmelfahrt in Jerusalem (19, 28 – 24, 53) enthält.

Der Vorspann, mit dem das Evangelium nach Lukas beginnt, ist für die historische Forschung von besonderer Wichtigkeit. Wörtlich lautet dieser Text: »Schon viele haben es unternommen, einen Bericht über all das abzufassen, was sich unter uns ereignet und erfüllt hat. Dabei hielten sie sich an die Überlieferung derer, die von Anfang an Augenzeugen und Diener des Wortes waren. Nun habe auch ich mich entschlossen, allem von Grund auf sorgfältig nachzugehen, um es für dich, hochverehrter Theophilus, der Reihe nach aufzuschreiben. So kannst du dich von der Zuverlässigkeit der Lehre überzeugen, in der du unterwiesen wurdest.« Kein anderer Evangelientext des Neuen Testamentes erwähnt, daß offenbar unterschiedliche Berichte im Umlauf waren und daß es deshalb einiger Recherchen bedurfte, um herauszubekommen, wie alles wirklich gewesen ist. Demnach ist dieser Text aufgrund seiner eigenen Aussage einerseits sicher später als manch anderer verfaßt worden, andererseits beansprucht er eine besondere Glaubwürdigkeit, weil hier allem nachgegangen wurde, was an Unterschiedlichem bekannt gewesen ist. Man ist gespannt zu erfahren, in welcher Weise dies im folgenden zum Tragen kommt.

Die Vorgeschichte beginnt hier nicht mit dem öffentlichen Auftreten von Johannes dem Täufer oder Jesu – wie im Evangelium nach Markus –, sie beginnt aber auch nicht mit dem Stammbaum Jesu und der Verheißung der Geburt Jesu – wie im Evangelium nach Matthäus –, sondern mit der Verheißung der Geburt von Johannes dem Täufer. Danach erscheint der Engel Gabriel Zacharias, der zur Priesterklasse gehört, im Tempel in Jerusalem und teilt ihm mit, daß seine hochbetagte Ehefrau ein Kind erwartet und einen Sohn gebären wird, dem er den Namen Johannes geben soll. Seine Geburt werde für viele Grund zur Freude sein. »Denn er wird groß sein vor dem Herrn. Wein und andere berauschende Getränke wird er nicht trinken, und schon im Mutterleib wird er vom Heiligen Geist erfüllt sein.« (1, 15 f.) Anschließend wird berichtet, daß ebendieser Engel in Nazareth in Galiläa der Jungfrau Maria, die mit einem Mann namens Joseph aus dem Hause David verlobt ist, erscheint und ihr mitteilt: »Du wirst ein Kind empfangen, einen Sohn wirst du gebären: dem sollst du den Namen Jesus geben. Er wird groß sein und Sohn des Höchsten genannt werden. Gott, der Herr, wird ihm den Thron seines Vaters David geben. Er wird über das Haus Jakob in Ewigkeit herrschen, und seine Ewigkeit wird kein Ende haben.« (1, 31–33) Maria ist verwundert und fragt, wie solches geschehen könne. Der Engel verweist auf Gott und sagt, daß nichts für Gott unmöglich sei, ebensowenig die Schwangerschaft der Maria wie die ihrer hochbetagten Verwandten Elisabeth, die als unfruchtbar gilt und nun Johannes gebären wird. Maria versteht, daß Gottes Wirken hier in besonderer Weise zutage tritt und offenbar Großes für die Geschichte des jüdischen Volkes mit diesen Ankündigungen verbunden ist. Sogleich macht sie sich auf und besucht ihre Verwandte Elisabeth, die bei ihrem

Anblick die Rangordnung offen nennt, nämlich »daß die Mutter meines Herrn zu mir kommt« (1, 43), und damit unmißverständlich darlegt, daß ihr Sohn Johannes von geringerer Bedeutung sein wird als Jesus, der Sohn der Maria. Das folgende Preislied Mariens (das sog. Magnifikat, genannt nach dem ersten Wort dieses Preisliedes in lateinischer Übersetzung) zeigt, daß nun alle Hoffnungen der Armen erfüllt werden, weil Gott selbst in den Lauf der Geschichte eingreift und die bisherige Ordnung verändert: »Er vollbringt mit seinem Arm machtvolle Taten: Er zerstreut, die im Herzen voll Hochmut sind; er stürzt die Mächtigen vom Thron und erhöht die Niedrigen. Die Hungernden beschenkt er mit seinen Gaben und läßt die Reichen leer ausgehen.« (1, 51–53) Alles, wovon seit Jahrhunderten die Propheten träumten und was sie als Zukunft vorhersagten, scheint nun in greifbare Nähe gerückt zu sein.

Der Text beschreibt dann die Geburt von Johannes dem Täufer und geht danach zur Geburt Jesu über. Dem Evangelientext zufolge ereignet sich die Geburt Jesu in Bethlehem. Zurückzuführen ist dies auf eine Volkszählung im Römischen Reich, die von Kaiser Augustus (31 vor unserer Zeitrechnung bis 14 nach unserer Zeitrechnung) angeordnet worden ist. Es ist nach Lukas die erste ihrer Art, und sie findet unter Quirinius, dem Statthalter von Syrien, statt. Joseph zieht deshalb von der Stadt Nazareth in Galiläa mit Maria, seiner schwangeren Verlobten, nach Bethlehem in Judäa, um sich in seiner Heimatstadt aufschreiben zu lassen, denn er ist aus dem Hause und Geschlechte Davids. In Bethlehem gebärt Maria einen Sohn und legt ihn in eine Krippe, weil in der Herberge kein Platz für sie ist. Der Text berichtet weiter, daß in der Gegend Hirten Nachtwache bei ihren Herden halten und daß ihnen Engel erscheinen und ihnen mitteilen: »Heute ist euch in der Stadt Davids der Retter (griech.: sôtêr) geboren, er ist der Messias (griech.: christós), der Herr (griech.: kyrios).« (2, 11) Die Hirten suchen daraufhin dieses Kind und finden Maria, Joseph und das Kind, das in der Krippe liegt. Sie berichten, was geschehen ist, und loben Gott. Dann gehen sie wieder zurück zu ihren Herden.

Nach acht Tagen wollen Maria und Joseph das Kind beschneiden lassen und gehen deshalb mit ihm nach Jerusalem, um es im Tempel vorzustellen. Sie begegnen dort einem frommen Mann namens Simeon und einer Prophetin namens Hanna, die beide Großes und Schmerzliches zugleich für das Leben dieses Kindes vorhersagen. Von Jerusalem aus gehen Maria und Joseph mit dem Kind nach Nazareth, wo sie wohnen.

Über die Folgezeit berichtet der Text fast nichts. Nur indirekt wird mitgeteilt, daß die Eltern gewöhnlich zum Passahfest (im März /April) nach Jerusalem gehen. Als Jesus zwölf Jahre alt ist, zieht er mit ihnen nach Jerusalem und fällt den Schriftgelehrten dort durch große religiöse Kenntnisse auf. Er diskutiert mit ihnen und bleibt sogar noch, als die Eltern die Heimreise antreten. Erst später bemerken sie sein Fehlen und finden ihn im Tempel wieder.

Als Vorbereitung auf das Wirken Jesu berichtet der Text vom öffentlichen Auftreten von Johannes dem Täufer (mit recht präziser Datierung), von der Taufe Jesu mit dem bereits aus den anderen Evangelien bekannten himmlischen Szenario und von dem Stammbaum Jesu, der durch die Mitteilung eingeleitet wird, daß Jesus bei seinem ersten öffentlichen Auftreten »etwa dreißig Jahre alt« (3, 23) gewesen ist. Die Vorgeschichte schließt mit dem Bericht über Jesu vierzigtägiges Fasten in der Wüste und die Versuchung Jesu durch den Teufel.

Jesu Wirken in Galiläa ist gekennzeichnet durch Wunderheilungen, die Berufung der ersten Jünger, die Wahl der Zwölf und Belehrungen durch Gleichnisse sowie Auseinandersetzungen mit seinen jüdischen Gegnern. Ein Kernstück seiner Botschaft ist sicher die Rede auf dem ebenen Feld, die große Parallelen zu den Seligpreisungen der sog. Bergpredigt des Evangeliums nach Matthäus enthält. Unmißverständlich wird hier gesagt: »Selig, ihr Armen, denn euch gehört das Reich Gottes.« (6, 20) Diesbezüglich ist die Textstelle im Evangelium nach Matthäus eingeschränkter und dadurch auch rätselhafter, wenn »hoi ptôchoì en pneumati« (die Armen im Geiste? oder vor Gott?) seliggepriesen werden. Die folgenden Berichte erwähnen weitere Wunderheilungen und referieren neue Gleichnisse. Sie berichten davon, daß Johannes aus dem Gefängnis heraus Jesus fragen läßt, ob er es ist, der da kommen solle, oder ob man auf einen anderen warten müsse. Die Antwort Jesu wird nur auf dem Hintergrund der Hebräischen Bibel verständlich, wenn Jesus die Kennzeichen der angebrochenen Gottesherrschaft aufzählt und auf seine Wundertätigkeit bezieht: »Blinde sehen wieder, Lahme gehen, und Aussätzige werden rein. Taube hören, Tote stehen auf, und den Armen wird das Evangelium [die Frohe Botschaft] verkündet. Selig ist, wer an mir keinen Anstoß nimmt.« (7, 22 f.) Eigens erwähnt werden im Evangelium nach Lukas neben den Zwölf die Frauen, die Jesus folgen. Auch hier findet sich eine Bemerkung Jesu, die Distanz zu seinen leiblichen Verwandten erkennen läßt und die geistige Verwandtschaft betont, wenn er sagt: »Meine Mutter und meine Brüder sind die, die das Wort Gottes hören und danach handeln.« (8, 21) Der sich anschließende Text läßt immer größeren Zulauf zu Jesus und seinen Jüngern und daher auch die Besorgtheit der Machthaber erkennen. Typisch hierfür sind die Frage des Tetrarchen Herodes, was er von alledem halten solle, und der beunruhigende Glaube seiner Untertanen, es könne sich bei Jesus um einen wiederauferstandenen Propheten, möglicherweise sogar um den von den Toten auferstandenen Johannes den Täufer handeln, den ebendieser Herodes hat enthaupten lassen (9, 7–9). All dies deutet auf eine Zuspitzung der Situation hin, die durch zwei Leidensweissagungen (9, 18–22.43b–45) noch eine Steigerung erfährt. Dies ist dadurch zu belegen, daß der Bericht über die Verklärung Jesu auf dem Berg (9, 28–36) wie eine Vorwegnahme der Auferstehung wirkt.

Der Bericht über Jesus auf der Reise nach Jerusalem verschärft den Eindruck einer sich zuspitzenden Situation. Jesus sendet noch mehr Jünger aus, er lehnt den Umgang mit einer Frau aus dem von den Juden gemiedenen Samaria nicht ab, die Mahnworte nehmen zu, bedingungslose Nachfolge wird gefordert. Jesus wendet sich immer stärker den Sündern und Sünderinnen zu und zieht so den Zorn und die Ablehnung des religiösen Establishments auf sich.

Der Bericht über Jesu Wirken, Leiden, Tod, Auferstehung und Himmelfahrt in Jerusalem beschließt dieses Evangelium. Wieder ist vom feierlichen Einzug Jesu in Jerusalem die Rede, es folgen messianische Reden und die Ankündigung der Zerstörung Jerusalems sowie des Endes der Welt, verbunden mit einer eindringlichen Mahnung zur Wachsamkeit. Der Beschluß des Hohen Rates der jüdischen Schriftgelehrten und Ältesten, Jesus noch vor dem Passahfest zu beseitigen, kann durch den Verrat des Judas konkretisiert werden, denn auf die Vorbereitung des Passahmahles und dessen Durchführung mit Abendmahl folgt auch hier der Gang zum Ölberg, wo die Verhaftung Jesu stattfindet. Berichte über die Verleugnung Jesu durch Petrus, die Verspottung Jesu durch die Wächter und das Verhör vor dem Hohen Rat mit der Anfrage: »Du bist also der Sohn Gottes?« und Jesu Antwort: »Ihr sagt es – ich bin es« (22, 70) schließen sich an. Danach wird Jesus dem Pilatus vorgeführt. Die Ankläger führen aus: »Wir haben festgestellt, daß dieser Mensch unser Volk verführt, es davon abhält, dem Kaiser Steuer zu zahlen, und behauptet, er sei der Messias und König. Pilatus fragte ihn: Bist du der König der Juden? Er antwortete ihm: Du sagst es.« (23, 2f.) Pilatus versucht, sich abzusichern und Jesus Herodes, dem Herrscher von Galiläa, zu überstellen, doch dieser schickt ihn an Pilatus zurück, so daß letzterer selbst entscheiden muß. Er versucht, ihn freizulassen, gibt aber dann doch dem Drängen der Menschen nach, indem er Barabbas, einen wegen eines Aufruhrs in der Stadt und wegen Mordes ins Gefängnis geworfenen Mann, begnadigt und Jesus kreuzigen läßt. Auf dem Weg zur Kreuzigung wird ein Mann namens Simon gezwungen, Jesus das Kreuz tragen zu helfen. Eine große Menschenmenge, darunter viele Frauen, zieht mit und verfolgt die Kreuzigung. Mit Jesus werden noch zwei Verbrecher gekreuzigt. Einer davon verhöhnt ihn wie die Soldaten, der andere wendet sich gläubig an ihn und bittet Jesus, an ihn zu denken, wenn er in sein Reich kommt, worauf Jesus ihm verspricht: »Ich sage dir: Heute noch wirst du mit mir im Paradiese sein.« (23, 43) Der Himmel verfinstert sich, die Sonne hört auf zu scheinen, und dieser Zustand dauert ungefähr drei Stunden lang an. Der Vorhang des Tempels zerreißt, Jesus ruft mit lauter Stimme: »Vater, in deine Hände lege ich meinen Geist« (23, 46) und stirbt. Der Hauptmann und alle anderen, die diesem Schauspiel beigewohnt haben, schlagen »sich an die Brust und [...] [gehen] betroffen weg« (23, 48). Die Frauen, die Jesus seit der Zeit in Galiläa gefolgt sind, sehen wie viele andere seiner Bekannten all dies aus einiger Entfernung mit an. Als dann Joseph aus Arimathäa Jesus bestattet, nachdem er dafür von Pilatus die Genehmigung erhalten hat, geben die erwähnten Frauen Jesus das letzte Geleit. »Es war am Rüsttag, kurz bevor der Sabbat anbrach.« (23, 54) Die Frauen respektieren die Sabbatruhe und kehren erst am ersten Tag der Woche (d. h. am Sonntag) morgens in der Frühe zum Grab zurück. Der Stein ist weggewälzt, zwei Männer in leuchtenden Gewändern treten auf sie zu und sagen: »Was sucht ihr den Lebenden bei den Toten? Er ist nicht hier, sondern er ist auferstanden.« (24, 5f.) Sofort laufen die Frauen zu den Aposteln, den Elf, und erzählen, was sich ereignet hat. Diese glauben ihnen nicht. Petrus geht umgehend zum Grab, kann aber nur die Leinenbinden, nicht jedoch Jesus selbst dort finden. Jesus erscheint noch am selben Tage zweien von den Jüngern auf dem Weg nach Emmaus, dann mit »Fleisch und Knochen«, gewissermaßen zum Anfassen, fähig auch zu essen und zu trinken, den Elfen in Jerusalem. Zuletzt führt er sie hinaus nach Betanien, segnet sie und wird vor ihren Augen zum Himmel emporgehoben, nachdem er ihnen gesagt hat: »Der Messias wird leiden und am dritten Tage von den Toten auferstehen, und in seinem Namen wird man allen Völkern, angefangen in Jerusalem, verkünden, sie sollen umkehren, damit ihre Sünden vergeben werden.« (24, 47)

Das Evangelium nach Johannes

Das vierte und zugleich letzte Evangelium im Neuen Testament ist das Evangelium nach Johannes. Sein Aufbau ist folgender: Prolog (1, 1–18), das öffentliche Wirken Jesu (1, 19 – 12, 50), der Abschied Jesu von seinen Jüngern (13, 1 – 17, 26), Leiden und Erhöhung Jesu (18, 1 – 20, 29), Epilog (20, 30–31) und Nachtrag (21, 1–25).

Der Prolog des Evangeliums nach Johannes sagt, daß am Anfang aller Zeit der »lógos« gewesen ist, daß dieser bei Gott war, ja daß er Gott war und daß alles, was geworden ist, durch ihn geworden ist. Dieser »lógos«, so heißt es weiter im Johannesevangelium, ist Fleisch geworden und hat unter den Menschen gewohnt. Johannes der Täufer legte von ihm Zeugnis ab und verwies auf ihn als den, der nach ihm kommen wird. In Jesus

Christus hat sich dies alles erfüllt. Er ist der Fleisch gewordene »lógos«.

Der Prolog enthält somit tiefgründige Aussagen, die nicht leicht zu deuten sind. Bereits das Wort »lógos« ist kaum zu übersetzen, weil es in unterschiedlichen Kontexten der damaligen Welt vorkommt. In der Philosophie meint es so etwas wie »Vernunft«, »Denken«, »Rede«, »Wort« als Ausdruck eines Gedankens, »Lehre« (vgl. die mit -logie zusammengesetzten Wörter wie Ethnologie, Soziologie, Psychologie etc.). So gesehen, ist hier die Rede von der »Weltvernunft«, dem »Weltgeist«, der alles durchwaltet, hervorbringt und letztlich Ausdruck des göttlichen Denkens selbst ist. Diese Fülle von Bezügen kommt durch die gängige deutsche Übersetzung mit »Wort« (»Am Anfang war das Wort ...«) kaum noch in den Blick. Hinzu kommt, daß das hebräische Wort für »Wort« (dabar) zugleich »Tat« bedeutet und von daher die schöpferische Kraft des »Wortes« unter Griechisch sprechenden Juden der Zeit Jesu besonders betont wurde. Sie bezogen »lógos« auf die »Weisheit«, die in vielen jüdischen Texten der Jahrhunderte vor Christi Geburt leibhaftig als Gestalt beschrieben und gedeutet wurde. So gesehen, setzt der Prolog diese Tradition und Deutung fort und erklärt, daß diese vor aller Schöpfung existiert habende, d. h. präexistente Gestalt der göttlichen Welt konkret geschichtlich auf Erden erschienen ist, Fleisch geworden ist in Jesus Christus. Er ist somit die Inkarnation des Wortes Gottes, wie der aus dem Lateinischen abgeleitete Fachbegriff für die »Fleischwerdung« lautet. Dieser »lógos« ist – wie es zudem im Prolog heißt – »das Licht«, das in der Finsternis der Welt leuchtet, so daß die Lichtwelt des Göttlichen der Finsternis des Irdischen gegenübergestellt wird. Während Johannes der Täufer nur Zeugnis vom Licht gibt, ist Jesus »das wahre Licht, das die Menschen erleuchtet [...]. Er kam in sein Eigentum, aber die Seinen nahmen ihn nicht auf. Allen aber, die ihn aufnahmen, gab er Macht, Kinder Gottes zu werden, allen, die an seinen Namen glauben, die nicht aus dem Willen des Fleisches, nicht aus dem Willen des Mannes, sondern aus Gott geboren sind [...]. Niemand hat Gott je gesehen. Der Einzige, der Gott ist und am Herzen des Vaters ruht, er hat Kunde gebracht.« (1, 9. 12 f. 18) Damit ist ein Rahmen abgesteckt, der in den folgenden Kapiteln dieses Evangeliums ausführlicher entfaltet wird. Von vornherein wird so Jesus Christus in enge Beziehung zu Gott gesetzt und als Licht der Welt und Heilbringer für die Menschen bezeichnet, während Johannes dem Täufer eine Art Vorbereiterfunktion zugesprochen wird.

Das öffentliche Wirken Jesu wird im Evangelium nach Johannes sofort nach dem Prolog durch Erklärungen von Johannes dem Täufer angekündigt: Zum einen nämlich erklärt Johannes, nur Wegbereiter für den Herrn zu sein (1, 23), zum anderen legt er ein eindeutiges Bekenntnis zu Jesus ab: »Seht das Lamm Gottes, das die Sünde der Welt hinwegnimmt« (1, 29), und: »Er ist der Sohn Gottes.« (1, 34) Diese Einsicht war Johannes gekommen, als er Jesus taufte, denn nach diesem Evangelium sagt Johannes über sich selbst: »Er, der mich gesandt hat, mit Wasser zu taufen, er hat mir gesagt: Auf wen du den Geist herabkommen siehst [wie eine Taube, vgl. 1, 32] und auf wem er bleibt, der ist es, der mit dem Heiligen Geist tauft.« (1, 33) Bereits am darauffolgenden Tag verweist Johannes erneut auf Jesus als Lamm Gottes, so daß sich zwei seiner Jünger Jesus anschließen. Weitere Berufungen von Jüngern durch Jesus folgen. Der Text berichtet dann von Jesus, wie er bei einer Hochzeit Wasser in Wein verwandelt, wie er die Händler aus dem Tempel von Jerusalem vertreibt, weil sie das Gebetshaus in eine Markthalle verwandelt haben, und daß viele, die zum Passahfest nach Jerusalem gekommen waren, zum Glauben an ihn kamen. Ein Gespräch mit einem führenden Juden namens Nikodemus macht deutlich, daß der Mensch nur durch eine geistige Neugeburt geheilt werden kann. Dem entspricht die Sendung Jesu, »denn Gott hat seinen Sohn nicht in die Welt gesandt, damit er die Welt richtet, sondern damit die Welt durch ihn gerettet wird« (3, 17). Die folgende kurze Passage deutet an, daß Jesus und Johannes eine Zeitlang parallel auftreten und die Leute offenbar darüber verwirrt sind, wem sie folgen sollen. Selbst unter den Jüngern gibt es anscheinend Zweifler. Nach dem Wortlaut des Evangeliums unterstreicht Johannes jedoch den Vorrang Jesu; allerdings sagt der Text auch, daß Jesus daraufhin Judäa verläßt und wieder nach Galiläa geht. (4, 3) Der Weg führt ihn über Samarien, eine Gegend, die Juden eher mieden. Auf keinen Fall sprachen sie mit den Menschen dort. Jesus hält sich jedoch nicht an diese Tabuvorschrift, sondern spricht mit einer Frau am Brunnen, die ihn als Propheten, ja als Gesandten Gottes (hebräisch: Messias, griechisch: Christos, lateinisch: Christus) anerkennt. Es folgen Berichte über Wunder, Heilungen, Streitgespräche mit jüdischen Gelehrten und Mahnreden Jesu in Galiläa und Jerusalem. Vielfach wird auf das bevorstehende Leiden und Sterben sowie die Auferstehung Jesu durch ihn selbst hingewiesen. Der Grundtenor dabei ist stets dieser: »Ihr seid aus dieser Welt, ich bin nicht aus dieser Welt.« (8, 23) Der Zulauf zu Jesus scheint unter den Juden groß gewesen zu sein (vgl. 11, 45) und beunruhigte die jüdische Führung, so daß sie ein Eingreifen der Römer befürchtete (11, 48) und deshalb danach suchte, Jesus zu beseitigen. Jesus zieht sich zunächst zurück, hält dann aber feierlich vor dem Passahfest in Jerusalem unter großer Beteiligung von Volksmassen Einzug. Die folgende Wiedergabe von Reden Jesu läßt erkennen, daß eine endgültige Entscheidung unmittelbar bevorsteht: »Jetzt wird Gericht gehalten über diese Welt; jetzt wird der Herrscher dieser Welt hinausgeworfen werden. Und ich, wenn ich über die Erde erhöht bin, werde alle zu mir ziehen.

Das sagte er, um anzudeuten, auf welche Weise er sterben werde.« (12, 31–33) Damit ist zugleich die Perspektive des Abschieds sowie von Leiden und Erhöhung Jesu angesprochen.

Der Abschied Jesu von seinen Jüngern vollzieht sich jenseits aller Öffentlichkeit, vor dem jüdischen Passahfest bei einem Mahl. Anders als in den drei ersten Evangelien wird im Johannesevangelium nicht berichtet, daß Jesus bei dieser Gelegenheit das Abendmahl eingesetzt hat, obwohl dem Evangelium nach Johannes die Tatsache selbst nicht unbekannt ist, wie folgender Ausspruch Jesu zeigt: »Ich bin das lebendige Brot, das vom Himmel herabgekommen ist. Wer von diesem Brot ißt, wird in Ewigkeit leben. Das Brot, das ich geben werde, ist mein Fleisch, [ich gebe es hin] für das Leben der Welt. [...] Wer mein Fleisch ißt und mein Blut trinkt, der bleibt in mir und ich in ihm.« (6, 51.56) Was das vierte Evangelium von diesem letzten Mahl Jesu mit seinen Jüngern berichtet, ist ein einfacher Sklavendienst: Jesus wäscht ihnen die Füße und interpretiert dieses Tun so: »Wenn nun ich, der Herr und Meister, euch die Füße gewaschen habe, dann müßt auch ihr einander die Füße waschen. Ich habe euch ein Beispiel gegeben, damit auch ihr handelt, wie ich an euch gehandelt habe.« (13, 14 f.) Dieses symbolische Handeln wird im weiteren Verlauf des Abends durch Jesus präzisiert: »Ein neues Gebot gebe ich euch: Liebt einander! Wie ich euch geliebt habe, so sollt auch ihr einander lieben. Daran werden alle erkennen, daß ihr meine Jünger seid, wenn ihr einander liebt.« (13, 34 f.) Der Abend wird jedoch überschattet durch die Ankündigung Jesu, daß einer seiner Jünger ihn verraten und Petrus ihn noch in der folgenden Nacht verleugnen wird. Hauptgesprächsthemen des Abends sind Worte der Stärkung an die Jünger für die bevorstehenden schweren Stunden und Aussagen über den Haß der Welt gegenüber Jesus und seiner Botschaft, den auch die Jünger noch zu spüren bekommen werden.

Leiden und Erhöhung Jesu schließen sich unmittelbar an das Abschiedsmahl mit den Jüngern an, denn Jesus geht mit den Elf – Judas hat sie schon vorher verlassen – zum Ölberg und wird dort verhaftet. Judas ist mit den Soldaten und Gerichtsdienern, die Jesus festnehmen, zu diesem Ort gekommen. Petrus versucht, Jesus zu verteidigen, zieht ein Schwert und schlägt einem der Gerichtsdiener namens Malchus das rechte Ohr ab, doch Jesus fordert ihn auf, keinen weiteren Widerstand zu leisten. Jesus wird danach zwei hohen jüdischen Würdenträgern zum Verhör vorgeführt und anschließend zu Pilatus, dem römischen Statthalter, gebracht. Dieser findet offenbar keinen Grund, Jesus zu verurteilen, läßt ihn aber dann doch geißeln und kreuzigen, nachdem die Masse gerufen hat: »Wenn du ihn freiläßt, bist du kein Freund des Kaisers« (19, 12).

Danach folgt der Bericht über die Kreuzigung in der von den anderen Evangelien bekannten Weise. Oben am Kreuz läßt Pilatus eine Inschrift anbringen, auf der in hebräisch, lateinisch und griechisch zu lesen steht: »Jesus von Nazareth, König der Juden« (19, 19). In unmittelbarer Nähe des Kreuzes stehen einige Frauen – darunter Maria, die Mutter Jesu – und Johannes, ein Jünger Jesu, dem er besonders zugeneigt ist. Jesus stirbt mit den Worten: »Es ist vollbracht.« (19, 30)

Es ist Rüsttag, und der folgende Sabbat ist ein großer Festtag. Deshalb sollen allen Gekreuzigten die Beine zerschlagen und ihre Leiber sollen von den Kreuzen abgenommen werden. Da Jesus aber schon tot ist, stößt einer der Soldaten ihm seine Lanze in die Seite. Der Leichnam Jesu wird von Joseph aus Arimathäa in einem neuen Grab in einem Garten, der in der Nähe der Kreuzigungsstätte liegt, nach jüdischem Ritual bestattet. Auch Nikodemus, der sich einmal des Nachts mit Jesus unterhalten hat, ist anwesend. Als am Morgen nach dem Sabbat Maria aus Magdala zum Grab kommt, ist der Stein vor ihm weggewälzt und das Grab selbst leer. Maria aus Magdala eilt zu den Jüngern, trifft Petrus und Johannes und erzählt ihnen das Geschehene. Daraufhin laufen beide eilig zum Grab, finden dieses leer und glauben, »denn sie wußten noch nicht aus der Schrift, daß er [Jesus] von den Toten auferstehen mußte« (20, 9).

Die beiden Jünger gehen wieder nach Hause zurück, während Maria aus Magdala in das Grab hineinschaut und zwei Engel dort sitzen sieht. Sie fragt sie, wo Jesus hingelegt worden ist. Sie dreht sich um, glaubt, den Gärtner zu sehen, und stellt ihm dieselbe Frage. Schnell erkennt sie jedoch, daß dieser vermeintliche Gärtner Jesus selbst ist. Er gestattet ihr nicht, ihn zu berühren, und bittet sie, von dieser Begegnung den Jüngern zu erzählen, was sie unverzüglich tut. Am Abend desselben Tages erscheint Jesus den Jüngern. Thomas, einer der Zwölf, ist nicht anwesend. Er hat nach dem Bericht des vierten Evangeliums Zweifel an der Richtigkeit all dieser Auferstehungserzählungen und sagt: »Wenn ich nicht die Male der Nägel an seinen Händen sehe und wenn ich meinen Finger nicht in die Male der Nägel und meine Hand nicht in seine Seite lege, glaube ich nicht.« (20, 25) Als acht Tage später die Jünger erneut versammelt sind, befindet sich auch Thomas unter ihnen. Sie haben aus Angst vor den Juden die Türen verschlossen. Plötzlich tritt Jesus in ihrer Mitte auf. Er fordert Thomas auf, seinen Finger in die Wundmale seiner Hände und seine Hand in seine Seite zu legen und an das Geschehene zu glauben. Als Thomas daraufhin bekennt: »mein Herr und mein Gott« (20, 28), sagt Jesus zu ihm: »Weil du mich gesehen hast, glaubst du. Selig sind, die nicht sehen und doch glauben.« (20, 29)

Epilog und Nachtrag sind wohl als getrennte Texte zu betrachten. Im Epilog wird das Evangelium mit zwei Sätzen beendet, die da lauten: »Noch viele andere Zeichen, die in diesem Buche nicht aufgeschrieben sind, hat Jesus vor den Augen seiner Jünger getan. Diese aber sind aufgeschrieben, damit ihr glaubt, daß Jesus der Messias ist, der Sohn Gottes, und damit ihr durch den Glauben das Leben habt in seinem Namen.« Auf diese Weise schließt sich der Kreis des Programms, dessen Grundlegung bereits im Prolog erfolgte. Im Unterschied dazu fügt der Nachtrag weitere Episoden an: Der Auferstandene erscheint seinen Jüngern am See von Tiberias, überträgt dem Petrus das oberste Hirtenamt, weissagt ihm seinen Tod um des Glaubens willen (Martyrium) und weist auf den Tod des Johannes, dem Jesus so sehr zugeneigt war, hin. Erst dann folgt der endgültige Schluß dieses Evangeliums.

Zwischenbilanz

Die bisherige Darstellung der Gliederung eines jeden Evangeliums und der in ihnen geschilderten Ereignisse zeigt, daß die ersten drei Evangelien, also die nach Matthäus, Markus und Lukas, ein einheitliches Grundschema als Gliederungsprinzip verwenden, während das Evangelium nach Johannes anders aufgebaut ist. Aufgrund ihres einheitlichen Aufbaues ist es möglich, die drei ersten Evangelien nebeneinanderzustellen und so anzuordnen, daß die Passagen, die einander entsprechen, auf einer Höhe erscheinen. Dann bleiben immer dort Leerstellen übrig, wo das eine oder andere Evangelium etwas nur ihm Eigenes berichtet. Diese Gesamtschau (griech.: Synopse) bewirkt, daß heute in der wissenschaftlichen Fachliteratur die ersten drei Evangelien als »synoptische Evangelien« und ihre Verfasser als »Synoptiker« bezeichnet werden. Die Beschäftigung mit den Details in der Berichterstattung der Synoptiker und noch stärker im Vergleich mit dem Evangelium nach Johannes ist höchst aufschlußreich für die historische Forschung, wenn es darum geht zu prüfen, welche Ereignisse in welcher Reihenfolge stattgefunden haben und welche Deutung oder thematische Einbettung sie jeweils erfahren haben. Die Ungereimtheiten in dieser Berichterstattung stellen die Forschung hinsichtlich des historischen Jesus (vgl. Kap. 2) vor eine Fülle von Problemen, die teilweise wohl nie ganz gelöst werden können. Es reicht folglich bereits aus, die Problematik des historischen Jesus von Nazareth anhand der kanonischen Evangelien zu behandeln, ohne eigens auf weitere Abweichungen im Vergleich mit den apokryphen Evangelien einzugehen.

Die uns überlieferten kanonischen Evangelien gehen von vornherein davon aus, daß Jesu Leben nicht am Galgen (Kreuz) in Jerusalem endete, sondern daß Jesus von Gott zu neuem Leben erweckt wurde. Was an jenem Sonntagmorgen nach dem Sabbat des Passahfestes, also am Ostersonntag, geschah, ist nicht leicht zu sagen. Sicher ist, daß durch das Geschehen der Glaube der Jünger an Jesus eine neue Dimension erhielt, die auch Konsequenzen für die Berichterstattung über Jesu irdisches Leben hatte. So gesehen, sind die kanonischen Evangelien keine Verlaufsprotokolle bezüglich der historischen Ereignisse im Leben Jesu, sondern beschreiben sein Leben von dessen Beginn bis zu seinem Tod und seiner Auferstehung von den Toten im Sinne eines Deutungsversuches des Geschehenen im Lichte des Osterglaubens. Die Evangelien verkündigen Jesus als den Gekreuzigten und Auferstandenen, als Erfüllung der jüdischen Erwartungen (Messias, neuer Moses, Gesetzeslehrer im Evangelium nach Matthäus), als Mann, der Macht hat, Wunder zu wirken, und als Messias leiden mußte (im Evangelium nach Markus), als barmherzigen Retter (sôtêr), Messias (Christós) und Herr (kyrios) (im Evangelium nach Lukas), als Fleisch gewordenen (d.h. inkarnierten) »lógos«, der Kunde bringt vom Vater im Himmel (im Evangelium nach Johannes). Mit diesen Deutungen ist die Palette neutestamentlicher Deutungsversuche noch lange nicht erschöpft, wie ein Blick auf die übrigen Schriften des Neuen Testamentes zeigen wird.

Die Apostelgeschichte

Der fünfte Text des Neuen Testamentes, die Apostelgeschichte, knüpft bewußt an die Evangelienberichterstattung, insbesondere an das Evangelium nach Lukas, an und setzt die Geschichte der Jesus-Bewegung durch eine Beschreibung der Anfangsphase der Kirche nach Ostern fort. Sie beschreibt, wie Jesus seine Jünger stärkt, von ihm Zeugnis abzulegen »in Jerusalem und in ganz Judäa und Samarien und bis an die Grenzen der Erde« (1, 8). Dann wird er vor ihren Augen in den Himmel aufgenommen. Die Jünger verharren im Gebet, wählen Matthias als Jünger für den weggefallenen Judas in die Gruppe der Zwölf nach und bleiben bis zum fünfzigsten Tag nach der Auferstehung in Jerusalem. Die Apostelgeschichte berichtet, daß an diesem fünfzigsten Tag (Pfingsten, sprachlich aus griech. »pentekostes« = »fünfzig« entstanden) der Geist Gottes, der Heilige Geist, über sie kommt. Die Beschreibung benutzt jedem Juden aus dem Buch Joel in der Hebräischen Bibel vertraute Bilder der Geistausgießung beim Kommen Gottes am Ende der Zeiten und sagt, daß ab diesem Moment die Zwölf sich auch öffentlich mutig zu Jesus bekennen. Petrus tritt als erster vor die Menge und verkündet: »Gott hat ihn zum Herrn und Messias gemacht, diesen Jesus, den ihr gekreuzigt habt.« (2, 36) Es kommt zu ersten Bekehrungen, während die Mehrheit wohl annimmt, daß diese Männer betrunken sind (vgl. 2, 15).

Die folgenden Passagen berichten vom Gemeindeleben der ersten Christengemeinde in Jerusalem, von Zusammenstößen mit der jüdischen Obrigkeit, von Verfolgung und Zerstreuung der Urgemeinde einschließlich des Martyriums des Stephanus sowie von weiteren Missionserfolgen und den Anfängen der Mission unter Nichtjuden, der sog. Heidenmission. Krönender Abschluß dieses Berichtszeitraumes ist die Bekehrung des Paulus, der ursprünglich ein jüdischer Gegner der Christus-Bewegung gewesen ist und sich dann zu Christus bekehrt hat (Damaskuserlebnis!).

Die nun folgenden Kapitel sind der sog. Heidenmission gewidmet. Sie berichten von den Aktivitäten der Apostel, wie sie Wunder wirken und Jesus Christus predigen. Sie beschreiben die missionarischen Erfolge ebenso wie die bei der Mission erlittenen Verfolgungen. Zwei Ereignisse sind dabei von ausschlaggebender Bedeutung: zum einen das sog. Apostelkonzil, das positiv über die Aufnahme von Heiden in die Kirche entschied und diese vom jüdischen Gesetz entbunden hat, so daß von nun an das Christentum als eigenständige Religionsgemeinschaft agieren konnte und nicht mehr nur als Untergruppe des Judentums fungierte, zum anderen die Entfaltung reger Missionstätigkeit im Mittelmeerraum des Römischen Reiches, die die Voraussetzung dafür schuf, daß dreihundert Jahre später das Christentum zur Staatsreligion des Römischen Reiches werden und alle anderen Religionen dieses Reiches verdrängen konnte.

Die Paulinischen Briefe

Die christliche Kirche hat vierzehn Briefe überliefert, die im Neuen Testament hinter der Apostelgeschichte stehen und mit dem Apostel Paulus als Verfasser in Verbindung gebracht werden. Die Identität des Verfassers ist in der Forschung teilweise sehr umstritten. Ziemlich einhellig wird die Auffassung vertreten, daß etwa der Brief an die Hebräer, der letzte dieser vierzehn Briefe, nicht von Paulus selbst stammt. Bei anderen Briefen gehen die Meinungen weit auseinander, während andererseits bei einigen (z. B. den Briefen an die Galater, Korinther und Römer) die Autorschaft des Paulus nicht bezweifelt wird. Umstritten ist zudem die zeitliche Einordnung der Briefe. Sicher ist, daß die Reihenfolge im Neuen Testament nicht als Hinweis auf ihre zeitliche Entstehung mißverstanden werden darf.

Die große Bedeutung dieser Briefe liegt in der Deutung des Christusglaubens. In diesem Sinne haben sie auf die spätere Theoriebildung im Christentum, die Theologie (d. h. die Lehre von Gott) wie die Christologie (d. h. die Lehre von Jesus Christus), einen bis heute entscheidenden Einfluß gehabt. Nur wenige Beispiele sollen dies verdeutlichen:

Der Römerbrief lehrt die Rettung der Menschen durch Jesus Christus, sofern sie sich im Glauben zu ihm bekennen und dadurch dem Gericht Gottes entgehen, dem die gesamte vorchristliche Menschheit, Heiden und Juden, wegen ihrer Sünden verfallen war. Bereits mit dem ersten Menschen, Adam, nahm diese Sündengeschichte der Menschheit ihren Anfang. Die ganze Schöpfung wartete daher auf die Befreiung von der Sünde, die durch Jesus Christus erfolgt ist. Dementsprechend schreibt Paulus an die christliche Gemeinde in Rom: »Wie durch den Ungehorsam des einen Menschen [d. h. Adams] die vielen zu Sündern wurden, so werden auch durch den Gehorsam des einen [d. h. Christi] die vielen zu Gerechten gemacht werden. [...] Denn wie die Sünde herrschte und zum Tode führte, so soll auch die Gnade herrschen und durch Gerechtigkeit zu ewigem Leben führen, durch Jesus Christus, unseren Herrn.« (5, 19.21) Durch die Taufe werden die Menschen von der Sünde befreit, legen den »alten Menschen« ab und beginnen ein neues Dasein. Dieser Weg war ursprünglich nur für die Juden vorgesehen. Weil sie es aber abgelehnt haben, sich zu Jesus als Messias zu bekennen, so lehrt Paulus, ist das Heil zu den Heiden gelangt. Sobald diese in das Gottesreich aufgenommen sind, wird auch Gesamtisrael gerettet werden.

Der erste Korintherbrief, dem ein anderer, uns nicht erhaltener vorausging (vgl. 5, 9 ff.), beschäftigt sich mit Mißständen in der christlichen Gemeinde der griechischen Hafenstadt Korinth und gibt konkrete Anweisungen über Ehe und Ehelosigkeit, über den Genuß von Götzenopferfleisch und über die gottesdienstlichen Versammlungen. Der letzte Teil handelt von der Auferstehung der Toten. Hierin sieht der Text die entscheidende Aussage des Christusglaubens: »Wenn es keine Auferstehung der Toten gibt, ist auch Christus nicht auferweckt worden. Ist aber Christus nicht auferweckt worden, dann ist unsere Verkündigung leer und euer Glaube sinnlos.« (15, 14) Wie im Brief an die Gemeinde von Rom wird auch hier die Adam-Christus-Parallele gezogen: Es wird daran erinnert, daß nach dem 1. Buch Mose (Genesis) der Hebräischen Bibel der Mensch (hebr.: Adam) aus dem Ackerboden (hebr.: adamah) genommen (1. Mose 2, 5) und durch seine Sünde im Paradies der Tod in die Welt gekommen ist (1. Mose 3, 19). Demgegenüber hat Jesus Christus als der neue Adam nun die Menschen durch seinen Tod und seine Auferstehung von Sünde und Tod befreit und ihnen eine neue Daseinsweise, die des auferstandenen Leibes, in Aussicht gestellt und durch seine eigene Auferstehung all dies schon vorweggenommen. Deshalb dürfen die auf ihn Getauften guten Glaubens darauf bauen, dereinst wie er in einer neuen Daseinsweise von Gott zum Leben erweckt zu werden. Somit kann Paulus folgern: »Adam, der Erste Mensch, wurde ein irdisches Lebewesen. Der letzte Adam wurde lebendigmachender Geist. Aber zuerst kommt nicht das Überirdische; zuerst kommt das Irdische, dann das Überirdische. Der Erste Mensch stammt von der Erde und ist Erde; der Zweite Mensch stammt vom Himmel. Wie der von der Erde irdisch war, so sind es auch seine Nachfahren. Und wie der vom Himmel himmlisch ist, so sind es auch seine Nachfahren. Wie wir nach dem Bild des Irdischen gestaltet wurden, so werden wir auch nach dem Bild des Himmlischen gestaltet werden. [...] wir werden alle verwandelt werden [...]. [...] die Toten werden zur Unvergänglichkeit auferweckt [...]. Denn dieses Vergängliche muß sich mit Unvergänglichkeit bekleiden und dieses Sterbliche mit Unsterblichkeit.« (15, 45 – 53)

Der Galaterbrief unterstreicht die Wichtigkeit des Glaubens für die Erlangung des Heils. Nicht die Einhaltung des göttlichen Gesetzes im Sinne des jüdischen Verhaltenskodexes, sondern allein der Glaube an Jesus Christus kann den Menschen retten. Auf diese Weise entsteht eine für die Geschichte des Christentums wichtige Alternative zwischen Gesetz und Freiheit, wobei die Einhaltung des Gesetzes als Sklavendienst interpretiert und die Freiheit als wahre Erfüllung, als Sohnschaft mit Erbrecht gedeutet wird. So kann Paulus im Hinblick auf das Kommen Jesu schlußfolgern: »Als aber die Zeit erfüllt war, sandte Gott seinen Sohn, geboren von einer Frau und dem Gesetz unterstellt [d. h. wie alle Juden zur Einhaltung der religiösen Gesetze verpflichtet], damit er die freikaufe, die unter dem Gesetz stehen, und damit wir die Sohnschaft erlangen. Weil ihr aber Söhne seid, sandte Gott den Geist seines Sohnes in unser Herz, den Geist, der ruft: Abba, Vater. Daher bist du nicht mehr Sklave, sondern Sohn; bist du aber Sohn, dann auch Erbe, Erbe durch Gott.« (4, 4 – 7) Paulus beruft sich dabei auf eine Offenbarung, aus der er seine Lehrautorität ableitet: »Das Evangelium, das ich verkündigt habe, stammt nicht von Menschen. Ich habe es ja nicht von einem Menschen übernommen oder gelernt, sondern durch die Offenbarung Jesu Christi empfangen.« (1, 11 f.)

Der Epheserbrief ruft die Gemeinde der kleinasiatischen Stadt Ephesus zu vorbildlichem Verhalten auf und betont den Unterschied zwischen dem alten und dem neuen Menschen: »Legt den alten Menschen ab, der in Verblendung und Begierde zugrunde geht, ändert euer früheres Leben und erneuert euren Geist und Sinn! Zieht den neuen Menschen an, der nach dem Bild Gottes geschaffen ist in wahrer Gerechtigkeit und Heiligkeit.« (4, 22–24)

Der Philipperbrief enthält einen für das Christus-Bild des frühen Christentums höchst wichtigen Hymnus: »Er war Gott gleich, hielt aber nicht daran fest, wie Gott zu sein, sondern er entäußerte sich und wurde wie ein Sklave und den Menschen gleich. Sein Leben war das eines Menschen; er erniedrigte sich und war gehorsam bis zum Tode, bis zum Tod am Kreuz. Darum hat ihn Gott über alle erhöht und ihm den Namen verliehen, der größer ist als alle Namen, damit alle im Himmel, auf der Erde und unter der Erde ihre Knie beugen vor dem Namen Jesu und jeder Mund bekennt: ›Jesus Christus ist der Herr‹ – zur Ehre Gottes des Vaters.« (2, 6–11)

Der Kolosserbrief ermahnt die christliche Gemeinde ebenfalls zu Gott wohlgefälligem Tun und enthält ein Loblied auf Christus als Ebenbild Gottes, das für das Christus-Bild und die Verkündigung an die ersten Christengemeinden bezeichnend ist:

»Dankt dem Vater mit Freude! Er hat euch fähig gemacht, Anteil zu haben am Los der Heiligen, die im Licht sind.

Er hat uns der Macht der Finsternis entrissen und aufgenommen in das Reich seines geliebten Sohnes. Durch ihn haben wir die Erlösung, die Vergebung der Sünden.

Er ist das Ebenbild des unsichtbaren Gottes, der Erstgeborene der ganzen Schöpfung.

Denn in ihm wurde alles erschaffen, im Himmel und auf Erden, das

Sichtbare und das Unsichtbare, Throne und Herrschaften, Mächte und Gewalten; alles ist durch ihn und auf ihn hin geschaffen.

Er ist das Haupt des Leibes, der Leib aber ist die Kirche. Er ist der Ursprung, der Erstgeborene der Toten; so hat er in allem den Vorrang.

Denn Gott wollte mit seiner ganzen Fülle in ihm wohnen, um durch ihn alles zu versöhnen. Alles im Himmel und auf Erden wollte er zu Christus führen, der Friede gestiftet hat am Kreuz durch sein Blut.« (1, 12–20)

Der Hebräerbrief nennt – um nur noch dieses Beispiel anzuführen – Jesus Abbild Gottes (vgl. 1, 3), das über den Engeln steht (1, 4), um als »barmherziger und treuer Hoherpriester vor Gott zu sein und die Sünden des Volkes zu sühnen« (2, 17).

Die hier aufgeführten Beispiele zeigen, daß die vierzehn Briefe des Neuen Testamentes, die traditionell mit Paulus in Verbindung gebracht werden, Deutungen Jesu beinhalten und keine historisch verwertbaren Biographien Jesu darstellen. Sofern sie von Paulus selbst stammen, ist dies leicht verständlich, weil Paulus dem historischen Jesus nie persönlich begegnet ist. Sofern sie nicht von Paulus stammen, ist des weiteren zu vermuten, daß sie von Anhängern der Jesus-Bewegung verfaßt worden sind, die erst nach Ostern zum Christentum gestoßen sind und somit auch ihrerseits sehr wahrscheinlich nur wenige Details über den historischen Jesus wußten, in keinem Falle aber aus unmittelbarer Erinnerung an ihn berichten konnten. Insofern ist für all diese Briefe die Deutung des Christus-Glaubens das zentrale Anliegen, und dies nicht selten in direkter Auseinandersetzung mit Lehrdifferenzen innerhalb der christlichen Gemeinden sowie in deutlicher Abgrenzung zu den Juden, von denen sich die christlichen Gemeinden nun in zunehmendem Maße absetzen, die nun den Weg zu einer eigenen Religionsgemeinschaft beschreiten.

Die katholischen Briefe

Im Anschluß an die sog. Paulinischen Briefe finden sich im Neuen Testament noch sieben weitere Briefe, von denen die Tradition jeweils einen Jakobus und Judas, zwei Petrus und drei Johannes zuschreibt. Man nennt diese oft auch die »katholischen Briefe«, wobei »katholisch« in diesem Falle keine Konfessionsbezeichnung ist, sondern im Sinne von »universal, allgemein« gebraucht wird.

Die Datierung und Autorschaft dieser Briefe ist umstritten. Es scheint wohl so zu sein, daß – wie auch sonst in der Antike üblich – berühmte Namen als Verfasser angegeben wurden, um den Schriftstücken eine entsprechende Autorität zu verleihen. Im Falle dieser sieben Briefe ist die Autorität immerhin so groß gewesen, daß die Texte ins Neue Testament aufgenommen worden sind, während andere Briefe dieser Art eine solche Auszeichnung nicht erlangen konnten und, wenn sie überhaupt noch bekannt sind, lediglich als »apokryphe Schriften« auf uns gekommen sind.

Der Jakobusbrief tadelt Mißstände und schlechtes Verhalten der Christen in der Gemeinde, an die er gerichtet ist, und betont, daß es darauf ankommt, das Wort Gottes nicht nur zu hören, sondern auch entsprechend zu handeln, weil »der Glaube ohne Werke nutzlos« (2, 20) ist. Konkret heißt dies, tätige Nächstenliebe zu üben, Witwen und Waisen zu helfen, wenn sie in Not sind, und zwischen Armen und Reichen keinen Unterschied zu machen. Zudem behalten die Zehn Gebote der Hebräischen Bibel, einschließlich der Verbote von Ehebruch und Mord, ihre uneingeschränkte Gültigkeit. »Denn das Gericht ist erbarmungslos gegen den, der kein Erbarmen gezeigt hat. Barmherzigkeit aber triumphiert über das Gericht.« (2, 13)

Der 1. Petrusbrief handelt von der Bewährung des christlichen Glaubens und Lebens im Leiden und in Verfolgungen. Er enthält Mahnungen allgemeinen Charakters, besondere Anweisungen für einzelne Lebensverhältnisse und Mahnungen im Hinblick auf die angebrochene Leidenszeit und das kommende Endgericht. Ein besonderes Anliegen dieses Briefes ist es, daß die Christen ein rechtschaffenes Leben führen, »damit sie, die euch jetzt verleumden, durch eure guten Taten zur Einsicht kommen und Gott preisen am Tag der Heimsuchung« (2, 12).

Der 2. Petrusbrief mahnt seine Adressaten, mit dem »Glauben die Tugend zu verbinden, mit der Tugend die Erkenntnis, mit der Erkenntnis die Selbstbeherrschung, mit der Selbstbeherrschung die Ausdauer, mit der Ausdauer die Frömmigkeit, mit der Frömmigkeit die Brüderlichkeit und mit der Brüderlichkeit die Liebe« (1, 5–7). Nur dann ist für die Adressaten, wie ihnen direkt eingeschärft wird, sicher, »daß eure Berufung und Erwählung Bestand hat. Wenn ihr das tut, werdet ihr niemals scheitern. Dann wird euch in reichem Maß gewährt, in das ewige Reich unseres Herrn und Retters Jesus Christus einzugehen.« (1, 10 f.) Denn das Gericht wird kommen, und zwar so gewiß, wie die Bestrafungen in der Vergangenheit eingetreten sind, von denen die jüdische Überlieferung berichtet: der Engelsturz in die finsteren Höhlen der Unterwelt, die Sintflut sowie Sodom und Gomorrha. Deshalb gilt es, sich nicht durch Irrlehrer zur Verleugnung des Herrn oder zu Sinnenlust, Schwelgerei und Habsucht verführen zu lassen, sondern sich auf das Kommen Christi einzustellen und dafür bereit zu machen.

Der 1. Johannesbrief spricht vom Leben in der Gemeinschaft mit Gott und der Bewährung des Glaubens. Sein zentrales Anliegen ist die Liebe, »denn die Liebe ist aus Gott, und jeder, der liebt, stammt von Gott und erkennt Gott. [...] Die Liebe Gottes wurde unter uns dadurch offenbart, daß Gott seinen einzigen Sohn in die Welt gesandt hat, damit wir durch ihn leben. Nicht darin besteht die Liebe, daß wir Gott geliebt haben, sondern daß er uns geliebt und seinen Sohn als Sühne für unsere Sünden gesandt hat. Liebe Brüder, wenn Gott uns so geliebt hat, dann müssen auch wir einander lieben. Niemand hat Gott je geschaut; wenn wir einander lieben, bleibt Gott in uns, und seine Liebe ist in uns vollendet.« (4, 7–12)

Der 2. Johannesbrief und der 3. Johannesbrief sind die einzigen Privatbriefe des Neuen Testamentes. Der Verfasser stellt sich jeweils als »der Älteste« vor, wobei der 2. Johannesbrief »an die von Gott auserwählte Herrin und an ihre Kinder« und der 3. Johannesbrief »an den geliebten Gaius« gerichtet ist. Beide geben uns Einblick in das Gemeindeleben. Der 2. Johannesbrief wehrt sich zudem gegen Irrlehrer, die nicht bekennen, daß Jesus Christus im Fleisch gekommen ist, d.h. als der Mensch gewordene Sohn des himmlischen Vaters, und mahnt, an der bisherigen Lehre festzuhalten.

Der Judasbrief ermahnt zum Festhalten am überlieferten Glauben und wehrt sich gegen Irrlehrer, d.h. »gottlose Menschen, die die Gnade unseres Gottes dazu mißbrauchen, ein zügelloses Leben zu führen, und die Jesus Christus, unseren einzigen Herrscher und Herrn, verleugnen« (4)[2].

Die sieben katholischen Briefe enthalten, wie die Kurzcharakterisierung hier deutlich gemacht hat, wichtige Informationen über das Leben in den Gemeinden des frühen Christentums, aber keine weiteren verwertbaren Hinweise zum historischen Jesus.

Die Apokalypse

Das letzte Buch des Neuen Testamentes ist ein merkwürdig verschlüsselter Text eigener Art mit einer Fülle von Bildern, Visionen und Prophezeiungen, die zeigen sollen, »was bald geschehen muß« (1, 1). In Sendschreiben an sieben Gemeinden in Kleinasien wird die Drangsal beschrieben, die, durch immer neue Visionen bildhaft umschrieben, sich immer weiter steigern wird bis zum Ende der Welt. Dieses wird, verbunden mit der Wiederkehr Christi in Herrlichkeit, ein großes Endgericht für die Menschheit sein, auf das die endgültig siegreiche Errichtung der ewigen Herrschaft Christi folgen wird: »er ist der treue Zeuge, der Erstgeborene der Toten, der Herrscher über die Könige der Erde. Er liebt uns und hat uns von unseren Sünden erlöst durch sein Blut; er hat uns zu Königen gemacht und zu Priestern vor Gott, seinem Vater.« (1, 5 f.)

Die Perspektive der Offenbarung (Apokalypse) ist demnach ausschließlich auf die Zukunft ausgerichtet und erwähnt den historischen Jesus lediglich als Bezugspunkt in der hier zitierten Einleitung. Aufgrund der sehr bildhaften Sprache ist die Apokalypse ein vielfach interpretiertes, nie erschöpfend gedeutetes Buch, bei dessen Lektüre sich die Menschen seit fast zweitausend Jahren gefragt haben, an welcher Stelle sie konkret selbst beschrieben sind und was ihnen alles noch bevorsteht, bis die Welt wirklich untergeht und Christus in Herrlichkeit wiederkommt, sie zu richten und in sein himmlisches Jerusalem aufzunehmen.

Für die Frage nach dem historischen Jesus ist die Apokalypse daher ohne große Bedeutung und kann hier ausgeklammert werden.

Fazit

Die bisherigen Ausführungen zu den Schriften des Neuen Testamentes haben deutlich gezeigt, daß nur die vier kanonischen Evangelien Relevantes für die Frage nach dem historischen Jesus enthalten. Alle anderen Schriften sind – von einigen beiläufigen Bemerkungen, die historisch verwertbar sind, einmal abgesehen – von großer Wichtigkeit für die Theologiegeschichte sowie höchst aufschlußreich für die historische Entwicklung des frühen Christentums, für die Fragestellung zur historischen Person Jesu jedoch bieten sie kaum einen Erkenntnisgewinn. Aus diesem Grunde werden sich die folgenden Ausführungen zum historischen Jesus fast ausschließlich auf die vier kanonischen Evangelien beschränken.

2. Der historische Jesus

Die obigen Ausführungen zur Berichterstattung über Jesus im Neuen Testament haben gezeigt, daß die uns überlieferten Texte nicht primär als Biographien Jesu zu verstehen sind, sondern von Anfang an in der Absicht verfaßt wurden, Jesus als den Gekreuzigten und von Gott von den Toten Erweckten darzustellen. Sie wollen sagen, daß der Glaube an diesen Jesus sinnvoll ist, daß durch ihn das Heil zu den Menschen gekommen ist, daß er der von den Juden erwartete Messias ist. Alles, was dafür an Episoden aus dem Leben Jesu relevant war, ist eingefügt und berichtet worden. Insofern liegen in diesen Texten sicherlich viele historisch wertvolle Details vor, doch sind sie nicht in Reinform überliefert, sondern jeweils in einen Deutungsrahmen eingebunden, der der historischen Forschung viele Rätsel aufgibt.

Die Vielzahl der Aspekte, die mit der Frage nach dem historischen Jesus verbunden sind, läßt es sinnvoll erscheinen, den Gesamtkomplex in einige wichtige Einzelfragen aufzufächern und diese gesondert zu behandeln. Diese sollen sein: die historische Existenz Jesu, Jahr und Ort der Geburt, Jesu öffentliches Wirken, Jesu Lehre sowie Jesu Leiden, Tod und Auferstehung. Bei alledem darf nicht vergessen werden, daß die Texte des Neuen Testamentes insofern typisch antike Texte sind, als antike Texte – anders als Biographien heute – kein Interesse an einer lückenlosen Lebensbeschreibung haben, die Aufschluß über den geschichtlichen Verlauf des Lebens, über die innere

Entwicklung der Persönlichkeit oder über die Motive und Ziele des Handelns dieser Person gibt. All das, was uns somit primär interessiert, wird in diesen Texten allenfalls am Rande, wenn überhaupt, behandelt, so daß die Verkündigungsabsicht der neutestamentlichen Texte einerseits und das mangelnde Interesse an der Lebensgeschichte in der Antike andererseits die Beantwortung der historischen Fragestellung sehr erschweren.

Die historische Existenz Jesu

Wie im 1. Kapitel dieses Buches gezeigt wurde, wissen wir das meiste über Jesus aus den Evangelien des Neuen Testamentes, die in vielerlei Hinsicht nüchterner über ihn berichten als beispielsweise die apokryphen Evangelien, weshalb sich die historische Forschung für ihre Erhebungen und Aussagen fast ausschließlich an diesen vier kanonischen Evangelien orientiert. Beide Textsorten aber, die kanonischen wie die apokryphen Evangelien, stammen aus christlichen Kreisen, so daß sich die Frage nach außerchristlichen Hinweisen auf Jesus als reale Gestalt der Geschichte stellt.

Tatsächlich gibt es nur wenige außerchristliche Texte, die Jesu Existenz belegen können. Konkret sind dies aus dem 1. Jahrhundert bzw. dem beginnenden 2. Jahrhundert nach unserer Zeitrechnung je ein Hinweis bei den lateinisch schreibenden römischen Geschichtsschreibern Tacitus und Sueton sowie einer bei dem griechisch schreibenden jüdischen Geschichtsschreiber Josephus Flavus und eine kurze Erwähnung in einem Brief des römischen Schriftstellers Plinius des Jüngeren. Die Geschichtsschreiber erwähnen dabei Jesus Christus, um zu erklären, weshalb die von ihnen erwähnte Gruppierung »Christen« genannt wird. Auch bei Plinius dem Jüngeren geht es primär um die

Christen, die ihren Jesus »wie einen Gott« besingen. Die Aussageabsicht dieser Stellen berührt somit direkt die Christen und nur indirekt den Gründer ihrer Gemeinschaft, von dem zumindest Sueton recht vage Vorstellungen zu haben scheint, wenn er ihn in Rom vermutet, wie der Text unschwer erkennen läßt. Hinzu kommt, daß manch präzisierender Zusatz im Text des Tacitus und des Josephus vermutlich erst nachträglich von den christlichen Abschreibern eingefügt wurde. Weitere außerchristliche Erwähnungen Jesu im Talmud und im Koran sind für die historische Forschung deshalb uninteressant, weil sie erst Jahrhunderte nach dem Tod Jesu erfolgt sind und somit nicht als eigenständige Zeugnisse für die historische Existenz Jesu gelten können.

Die wenigen außerchristlichen Texte aus der Antike sind als Belege für die historische Existenz Jesu nicht ausreichend. Deshalb hat es vor allem im 19. Jahrhundert, aber auch bis heute immer wieder historisch kritisch argumentierende Menschen gegeben, die bestreiten, daß Jesus überhaupt gelebt hat. Für sie ist Jesus eine christliche Fabelfigur, der keinerlei historische Existenz zukommt. Ihr Hauptargument ist das Fehlen eindeutiger außerchristlicher Belege für Jesu Existenz. Sie meinen, daß eine solche Persönlichkeit, hätte sie wirklich gelebt, nicht unbeachtet geblieben, sondern in zeitgenössischen Texten erwähnt worden wäre.

Eine wichtige Tatsache wird durch diese Argumentation jedoch nicht gegenstandslos: Es gibt im Römischen Reich Christen ab dem ausgehenden 1. Jahrhundert nach unserer Zeitrechnung. Falls Jesus nicht existiert hat, ist die Existenz dieser Christen erklärungsbedürftig. Einleuchtende Gründe dafür müssen dann genannt werden, weshalb eine Gruppe von Menschen Jesus als ihren Gründer erfunden und propagiert hat, zumal viele davon für diesen Glauben verfolgt wurden und sogar den Tod erlitten haben. Dies ist um so eigenartiger, als das Leben Jesu nicht dem Ideal der damals lebenden Juden entsprach, handelt es sich doch bei ihm um einen Menschen, der als Verbrecher verurteilt und am Kreuz gestorben ist. Auch die fest im Glauben verankerte Auferweckung von den Toten (d.h. das Osterereignis) ändert an dieser Tatsache nichts und läßt die Nachfolge Christi als wenig attraktiv erscheinen, wenn prophezeit wird, daß auch die Anhänger Jesu mit keinem besseren Los zu rechnen haben werden als Jesus selbst. (Vgl. Matthäus 10, 17 ff.)

Es nimmt von daher kaum wunder, daß die Autoren, die die historische Existenz Jesu bestreiten, sich fast gar nicht zur Entstehung des Christentums ohne diesen Jesus äußern. Tun sie es, so müssen sie sehr rasch zu höchst komplizierten Hypothesen Zuflucht nehmen, deren Wahrscheinlichkeit sehr viel zweifelhafter ist als Jesu historische Existenz – trotz des weitestgehenden Fehlens außerchristlicher Beweise. Die Annahme, daß Jesus tatsächlich gelebt hat, ist quellenmäßig zwar nicht ausreichend abgesichert, aber die einfachste Erklärung der Tatsache, daß es seit dem 1. Jahrhundert nach unserer Zeitrechnung im Mittelmeerraum christliche Gemeinden gibt. Sie wird daher für die weiteren Ausführungen als gegeben zugrunde gelegt. Folglich kann auf die komplizierten Theorien, warum die Jünger Jesu diesen erfunden haben, verzichtet werden. Allerdings sind mit dieser Annahme neue Probleme verbunden, nämlich diejenigen, die die zeitliche Einordnung seines Lebens betreffen.

Jahr und Ort der Geburt

Die Evangelien nach Markus und Johannes berichten nichts über die Zeit und die Umstände der Geburt Jesu. Sie verweisen wie auch die anderen beiden Evangelien im fortlaufenden Bericht an vielen Stellen auf Jesus aus Nazareth und suggerieren dadurch, daß Jesus aus Nazareth in Galiläa stammt. Lediglich zwei Texte berichten diesbezüglich etwas anderes: die Vorgeschichten in den Evangelien von Matthäus und Lukas. Nach beiden ist Jesus in Bethlehem in Judäa auf die Welt gekommen, wobei die Erklärungen für diesen Geburtsort unterschiedlich sind: Das Evangelium nach Matthäus geht davon aus, daß die Eltern Jesu bereits in Bethlehem wohnen und erst später, durch die Zeitumstände bedingt, Nazareth als Wohnort wählen; das Evangelium nach Lukas geht von vornherein von Nazareth als Wohnort der Eltern aus und bringt die Geburt in Zusammenhang mit einem vorübergehenden Aufenthalt in Bethlehem. Auch die weiteren Details passen nicht zusammen. Konkret bedeutet dies folgendes:

Dem Evangelium nach Matthäus zufolge leben Maria und Joseph, dessen Stammbaum aus dem Hause Davids nicht mit dem im Evangelium nach Lukas übereinstimmt, in Bethlehem, als Maria (hebräisch: Mirjam) ihren Erstgeborenen zur Welt bringt. Die Geburt fällt in die Regierungszeit von König Herodes, der von Rom den Königstitel verliehen bekommen und dadurch eine gewisse Sonderstellung im Römischen Reich hat und im Jahre 4 vor unserer Zeitrechnung fernab von Jerusalem stirbt. Da nach dem Bericht des Evangeliums die Sterndeuter (Magier, Weise) aus dem Orient Herodes in Jerusalem sprechen, dieser aber um die Mitte des Jahres 5 vor unserer Zeitrechnung Jerusalem definitiv verläßt, müßte diese Begegnung vor diesem Zeitpunkt stattgefunden haben.

Vier weitere historische Bezüge werden in der Vorgeschichte des Evangeliums nach Matthäus erwähnt: das Erscheinen des Sternes, die Flucht von Joseph, Maria und Jesus nach Ägypten, der Kindermord von Bethlehem und die Reichsteilung nach dem Tod des Herodes.

Das Erscheinen eines Sternes wird als Grund genannt, weshalb Sterndeuter (Magier, Weise) aus dem Orient zu dem Schluß kamen, daß in Israel ein König geboren wurde, dem sie huldigen wollten. Als möglicher Bezugspunkt dafür wurde immer wieder in der Forschung auf eine spezielle Jupiter-Saturn-Konstellation hingewiesen, die tatsächlich im Jahre 6 vor unserer Zeitrechnung aufgetreten ist und den historischen Rahmen für diese Erzählung abgegeben haben könnte. Dennoch sind Zweifel daran angebracht: Der Stern scheint astronomisch nicht bestimmbar zu sein, weil kein Stern im Osten aufgeht, von Norden nach Süden, also von Jerusalem nach Bethlehem, der menschlichen Reisegeschwindigkeit entsprechend, einen Weg zeigt und dann über dem Haus, in dem sich die Familie befindet, stehenbleibt. Es scheint vielmehr, daß das Erscheinen des Sternes zum Erzählkolorit des Evangelisten gehört, um die besondere Bedeutung dieser Geburt ähnlich hervorzuheben, wie dies durch die Erwähnung der Geburt von der Jungfrau Maria bereits geschehen ist. Hinzu kommt, daß kein außerchristlicher Hinweis von diesem Besuch der Sterndeuter in Jerusalem erhalten ist, was möglicherweise deshalb zu erwarten gewesen wäre, weil es sich dem Bericht des Evangeliums zufolge doch um ein außergewöhnliches Ereignis gehandelt haben müßte.

Die Flucht von Joseph, Maria und Jesus nach Ägypten läßt sich historisch nicht belegen. Der Bericht im Evangelium nach Matthäus legt einen längeren Aufenthalt dort nahe. Die Volksfrömmigkeit in Ägypten kommt vielfach auf diesen Aufenthalt zu sprechen und verehrt bis heute als Wallfahrtsstätten Orte, an denen die Heilige Familie geweilt haben soll. Interessanterweise sind all diese Orte insofern von religionsgeschichtlichem Interesse, als dort jeweils vorher Isis-Heiligtümer gestanden haben und somit eine Göttin verehrt wurde, die als jungfräuliche

Mutter mit ihrem göttlichen Kind auf dem Arm als Vorbild für spätere Mariendarstellungen gedient hat.

Der Kindermord von Bethlehem wird im Evangelium nach Matthäus recht dramatisch beschrieben. Er ist historisch nirgends belegt, obwohl er Herodes durchaus zuzutrauen gewesen wäre. Der Aussagetendenz des Evangeliums entsprechend, erinnert er an die Parallele zur Moses-Geschichte. Wie Moses auf wunderbare Weise gerettet wurde, während alle anderen Jungen auf Befehl des Pharaos umgebracht wurden, ist auch der neue Moses – Jesus – trotz des Mordbefehls des Herrschers seiner Zeit – Herodes – am Leben geblieben, und dies dank der Flucht nach Ägypten, der Heimat des Moses.

Die Reichsteilung nach dem Tod des Herodes wird insofern indirekt angesprochen, als berichtet wird, daß die Familie nach dem Tod des Herodes nicht mehr nach Bethlehem zurückgeht, sondern es vorzieht, sich in Nazareth niederzulassen. Tatsächlich war nach Herodes Tod dessen Herrschaftsgebiet in drei Teile aufgeteilt worden. Alle drei Herrscher wurden deutlicher als zuvor dem römischen Statthalter der Region unterstellt und hatten daher weit weniger Macht und eigene Entscheidungskompetenz, als dies noch für Herodes gegolten hatte.

Dieser zuletzt genannte Tatbestand wird unmittelbar relevant, wenn es um die Volkszählung geht, die das Evangelium nach Lukas als Grund für den Aufenthalt von Maria und Joseph in Bethlehem nennt. Diese sei unter Quirinius, dem Statthalter von Syrien, durchgeführt worden. (Vgl. Lukas 2, 2) Die einzige historisch belegte Volkszählung in dieser Region, auf die all dies zutrifft, fand im Jahre 6 nach unserer Zeitrechnung statt. Alles spricht dafür, daß das Evangelium nach Lukas von dem Datum dieser Volkszählung als Jahr der Geburt Jesu ausgeht. Nach Eintragung und Geburt gehen die Eltern mit dem neugeborenen Jesuskind über Jerusalem nach Nazareth zurück. Der Hinweis auf Hirten auf dem Felde entspricht der Lehrabsicht dieses Evangeliums, das das Heil den armen und einfachen Leuten verkündet. Zu dieser Armut paßt auch der Stall, in dem Jesus in eine Krippe gelegt wird, während im Evangelium nach Matthäus von einem Haus die Rede ist. Jahreszeitlich schließt die Erwähnung der Nachtwache die Wintermonate ziemlich aus und läßt eher an wärmere Jahreszeiten denken.

Vergleicht man also die Geburtsgeschichte im Evangelium nach Matthäus und die im Evangelium nach Lukas miteinander, so wird unschwer deutlich, daß diese Geburtsgeschichten nicht harmonisierbar sind. Der Ort der Geburt ist nach beiden Bethlehem, doch die Zeit divergiert stark: Nach Matthäus ereignete sie sich während der Herrschaft des Herodes im Jahr 5 vor unserer Zeitrechnung oder früher, nach Lukas während der Volkszählung im Jahr 6 nach unserer Zeitrechnung. Da Jesu öffentliches Auftreten mit dem des Johannes ungefähr im Jahr 28 nach unserer Zeitrechnung in Verbindung gebracht wird und Jesus zu dieser Zeit dreißig Jahre oder älter ist (vgl. den Abschnitt »Jesu öffentliches Wirken«), neigt die Forschung heute dazu, die Geburt während der Herrschaft des Herodes als historisch wahrscheinlich anzusehen. Dies setzt voraus, daß die Forschung den Vorspann im Evangelium nach Lukas hinsichtlich der Vertrauenswürdigkeit dieser Aussagen relativiert und sich jedenfalls bei der Geburtsgeschichte über diesen Vorspann hinwegsetzt.

Aus dem Vergleich wird zugleich deutlich, daß auch die historische Zuverlässigkeit der weiteren Aussagen in Frage gestellt werden muß: So ist nicht nur das Fehlen außerchristlicher Zeugnisse für den Kindermord in Bethlehem, sondern auch das Fehlen dieses Berichtes im Evangelium nach Lukas ein Indiz dafür, diesen nicht als historische Tatsache zu betrachten. Gleiches gilt für die Flucht nach Ägypten, das Erscheinen des

Sternes, das Kommen der Sterndeuter bzw. umgekehrt für die Verehrung Jesu durch die Hirten und die Beschneidung Jesu im Tempel von Jerusalem, einschließlich der Begegnung von Simeon und Hanna. Damit reduziert sich der historische Kern auf eine in der Forschung ebenfalls umstrittene Aussage: die Geburt Jesu in Bethlehem. Übrig bleibt folglich als Arbeitshypothese nur die Annahme der Geburt Jesu unter Herodes um 6 vor unserer Zeitrechnung.

Ein letztes Detail aus den Berichten über die Geburt blieb bislang unkommentiert: die Geburt Jesu durch die Jungfrau Maria. Lediglich die Geburtserzählungen in den Evangelien nach Matthäus und Lukas wissen um eine solche Jungfrauengeburt. In den übrigen Passagen dieser Evangelien wird die Jungfrauengeburt ebensowenig erwähnt wie in den Evangelien nach Markus und Johannes. Auch in der Apostelgeschichte ist von dieser wunderbaren Auszeichnung Jesu bzw. seiner Mutter keine Rede, obwohl es sicherlich mehrfach dazu Anlaß gegeben hätte (so 2, 22–24; 4, 27; 10, 37–43; 13, 23–31). Gleiches gilt von den anderen Schriften des Neuen Testamentes, den Briefen und der Apokalypse; ja im Galaterbrief heißt es recht unspezifisch, daß Jesus von einer Frau geboren wurde (4, 4).

Das griechische Wort »parthenos« (Jungfrau) kommt somit nur in den Geburtsberichten der Evangelien nach Matthäus und Lukas vor und wird im Evangelium nach Matthäus auf eine Stelle des Propheten Jesaja aus der Hebräischen Bibel bezogen, die da lautet: »Seht, die Jungfrau wird ein Kind empfangen, einen Sohn wird sie gebären, und man wird ihm den Namen Immanuel geben, das heißt übesetzt: Gott ist mit uns.« (Jesaja 7, 14 bzw. Matthäus 1, 23) Jüdische und viele christliche Forscher weisen darauf hin, daß das hebräische Originalwort »ha-'almah«, das die jüdischen Übersetzer der Septuaginta mit »parthenos« wiedergeben, nicht nur Jungfrau, sondern auch junge Frau heißen kann. Ein Blick in das griechisch-englische Wörterbuch von Liddell und Scott lehrt, daß auch das Bedeutungsfeld des griechischen Wortes sehr vielfältig und schillernd ist, so daß nicht eindeutig von einer biologisch zu verstehenden Jungfrauenschaft gesprochen zu werden braucht. Die Geburtsgeschichten der Evangelien legen eine biologische Deutung der Jungfrauengeburt im Falle Marias jedoch nahe. So jedenfalls wurden diese Textstellen später in der christlichen Theologie und in den verschiedenen Fassungen des Glaubensbekenntnisses verstanden. Auch der Koran folgt dieser Interpretation. Im zeitgeschichtlichen Kontext des Neuen Testamentes fällt jedoch auf, daß einige ganz große Gestalten der Antike (z.B. Platon, Alexander der Große) als Söhne von »parthenoi« bezeichnet wurden, obwohl im Falle von Alexander dem Großen alle genau wußten, daß er der Sohn Philipps von Makedonien gewesen ist. Es scheint also, daß eine »parthenos« als Mutter einem großen Lehrer oder Herrscher eine besondere Würde verlieh, die einfach zur wahren Größe hinzugehörte, so daß Jesus, sollte er wirklich als »Großer« in seiner Welt gelten, diese Auszeichnung ebenfalls eignen mußte. So gesehen, wäre es kein Widerspruch, wenn an anderen Stellen der Bibel Jesus als Sohn des Joseph (z.B. Lukas 4,22; Johannes 1,45; 6,42) bezeichnet wird und von vier Brüdern und einigen (mindestens zwei) Schwestern Jesu die Rede ist (Markus 6, 3; 1. Korinther 9, 5; Johannes 2, 12; 7, 1–9). Wird dagegen der Lehrsatz von der biologischen Jungfrauenschaft Marias zum Ausgangspunkt für die Deutung gemacht, so werden die Brüder und Schwestern als Verwandte im weiteren Sinne, bisweilen sogar als im Denken Nahestehende – vergleichbar der Rede von »Glaubensbrüdern und -schwestern« – interpretiert.

Das Beispiel der Jungfrauenschaft Mariens zeigt, wie Glaubensvorgaben historische Forschungen kanalisieren und ihre

Ergebnisse beeinflussen können. Dies galt lange Zeit hindurch auch für die Reihenfolge, in der die Ereignisse der Geburt Jesu erzählt wurden. In diesem Fall hat das Verlesen der unterschiedlichen Geburtsberichte in Gottesdiensten von Weihnachten und Epiphanias sowie eine spätestens seit Augustinus (gest. 430) üblich gewordene Harmonisierung der beiden Berichte bewirkt, daß die Unvereinbarkeit dieser beiden Evangeliumstexte nicht mehr auffiel und alles so gelesen wurde, als füge sich das eine nahtlos an das andere, obwohl – wie hier gezeigt – praktisch nichts miteinander vereinbar ist.

Jesu öffentliches Wirken

Von Kindheit und Jugendzeit Jesu berichtet das Neue Testament lediglich zwei Dinge: die Geschichte des zwölfjährigen Jesus im Tempel von Jerusalem, in der die heutige Forschung keinen historisch relevanten Tatbestand sieht, und die Tatsache, daß Jesus wie sein Vater Joseph gelernter »Schreiner, Zimmermann« war.

Aus dem Evangelium nach Lukas ist zu erfahren, daß Jesus ungefähr gleichzeitig mit Johannes dem Täufer auftritt. Dies war um das Jahr 28 nach unserer Zeitrechnung (Lukas 3, 1 f.), und Jesus war damals etwa dreißig Jahre alt (Lukas 3, 23). Auch das Evangelium nach Johannes legt eine derartige zeitliche Einordnung nahe, berichtet aber, daß Jesus damals ungefähr fünfzig Jahre alt gewesen sei (Johannes 8, 57). Wieder haben wir es also mit Ungenauigkeiten zu tun, was erst recht für die weiteren Berichte gilt, so daß es unmöglich ist, irgendeine verläßliche Aussage über Jesu öffentliches Wirken, seinen Wirkungskreis, seine Besuche in Jerusalem oder sonstige Begebenheiten zu machen. Der Befund ist daher recht spärlich. Jesu öffentliches Wirken erstreckt sich demnach je nach Evangeliumsbericht auf ein, zwei oder drei Jahre.

Die meisten Gelehrten vertreten heute die Meinung, daß Jesus mit dem öffentlichen Auftreten eine Loslösung aus dem Familienhaus in Nazareth vollzog, so daß man mit Jürgen Becker über seine Situation zugespitzt sagen kann: »Hätte man damals schon Pässe gekannt, wäre im Falle Jesu zu lesen gewesen: unverheiratet und ohne festen Wohnsitz.«[3]

Eine Minderheit in der Forschung vertritt demgegenüber die These, Jesus sei verheiratet gewesen, doch sei dies im Neuen Testament nicht erwähnt worden, weil es für einen Rabbi, d.h. einen jüdischen Religionslehrer, eine solche Selbstverständlichkeit war, daß es keiner Erwähnung bedurfte. Wäre Jesus dagegen unverheiratet gewesen, so hätte nach Meinung dieser vorwiegend jüdisch geprägten Forschung das Neue Testament dies als Ausnahme vermerkt. Es versteht sich von selbst, daß aus dem Schweigen des Neuen Testamentes in dieser Frage derart weitreichende Folgerungen nur sehr hypothetisch gezogen werden können.

Zu seinem öffentlichen Wirken gehören auch die zahlreichen Berichte über Wunder Jesu. Blinde sehen, Lahme gehen, Taube hören wieder, vom Aussatz Befallene werden wieder gesund, und Tote werden zu neuem Leben erweckt. So weist sich Jesus gegenüber Johannes dem Täufer als der erwartete Messias aus (vgl. Matthäus 11, 5), und die Evangelienberichte belegen diesen Anspruch durch konkrete Beispiele, wobei noch andere Wunder hinzukommen (z. B. das Wandeln auf dem See, die Vermehrung von Broten). Die Wundererzählungen haben damit einen doppelten Stellenwert: Sie demonstrieren die Erfüllung dessen, was nach den Aussagen der Hebräischen Bibel und den Erwartungen der Juden durch das Kommen des Messias geschehen würde, und sie gehören – wie schon die Jungfrauengeburt –

zum Erzählstoff und Schilderungskolorit großer Gestalten der Antike. In beiden Kontexten haben die Wunder folglich eine zentrale Bedeutung und spiegeln etwas von der heilenden Kraft Jesu wider, auch wenn im Detail kaum anzunehmen ist, daß das eine oder andere Geschehen sich wirklich so ereignet hat, wie es im Neuen Testament geschildert wird.

Jesu Lehre

Die beschriebenen Unklarheiten über die Details aus Jesu Leben bestehen auch bezüglich seiner Lehre. Sicher ist für die heutige Forschung, daß Jesus den Anbruch des Reiches Gottes als unmittelbar bevorstehend verkündet und deshalb seine Zuhörer aufgefordert hat: »Kehrt um! Denn das Himmelreich ist nahe.« (Matthäus 4, 17) Das »Umkehren« bedeutet – dem griechischen Wortsinn von »metanoein« folgend – ein »Umdenken«, sich auf Gottes Heilsangebot – gewissermaßen in letzter Minute – einzulassen. Denn wie die meisten seiner Zeitgenossen hat wohl auch Jesus die Vorstellung gehabt, daß Gottes Endgericht über die Menschheit unmittelbar bevorstehe. Anders als seine jüdischen Zeitgenossen aber dachte Jesus offenbar nicht, daß die Menschen in diesem Gericht schlecht dastünden, wenn sie sich nicht ein Leben lang an alle Ge- und Verbote des jüdischen Religionsgesetzes gehalten haben, sondern verkündete, daß Gott Gnade vor Recht ergehen lassen wird.

Durch Gleichnisse, eine spezielle Erzählform, die für viele Auslegungen offen ist, deutet Jesus an, wie Gott ist: wie einer, der dem verlorenen Schaf nachgeht und dafür die Herde allein läßt (Lukas 15, 3 ff.), wie eine Frau, die unablässig eine verlorene Drachme (ein Geldstück) sucht (Lukas 15, 8 ff.), wie einer, der dem in der letzten Stunde gekommenen Arbeiter ebensoviel gibt wie denen, die den ganzen Tag über tätig waren (Matthäus 20, 1 ff.), wie einer, der Hochzeit mit einfachen Leuten feiert, weil die geladenen Vornehmen nicht gekommen sind (Matthäus 22, 1 ff.), wie einer, der seinen Sohn voll Freude aufnimmt und ein Festmahl für ihn veranstaltet, obwohl dieser sein ganzes Geld und Erbe in der Fremde verpraßt hat (Lukas 15, 11 ff.). So wird deutlich: Es »wird im Himmel mehr Freude herrschen über einen einzigen Sünder, der umkehrt, als über neunundneunzig Gerechte, die es nicht nötig haben umzukehren« (Lukas 15, 7).

Umkehren heißt den Willen Gottes tun, nach seinem Vorbild handeln: dem anderen verzeihen, wie Gott einem selbst Unrecht verzeiht (vgl. Matthäus 18, 23 ff.; Lukas 11, 4); sich den Armen und Verachteten zuwenden, weil die uns bekannte Ordnung im Reiche Gottes nicht mehr gilt, denn »wer bei euch groß sein will, der soll euer Diener sein, und wer bei euch der Erste sein will, soll der Sklave aller sein« (Markus 10, 43 f.). Dementsprechend werden die Armen, die Hungernden, die Weinenden und Verachteten gepriesen (Lukas 6, 20 ff.), weil der Anbruch der Gottesherrschaft ihr Leid in Freude verwandeln und alles neu machen wird.

Das Neue Testament sagt, daß dieses Bild vom barmherzigen und verzeihenden Gott bei jüdischen Schriftgelehrten zur Zeit Jesu wenig Zustimmung gefunden hat. Diese beharrten auf strikter Einhaltung des jüdischen Religionsgesetzes als Voraussetzung für die Rettung und gingen mit Abweichlern hart ins Gericht, wie die Szene von der Ehebrecherin zeigt, die auf der Stelle gesteinigt worden wäre, hätte Jesus nicht zu ihren Gunsten eingegriffen (Johannes 8, 3 ff.). Die Begebenheit macht außerdem verständlich, daß Jesu Botschaft gerade bei Außenseitern der Gesellschaft sehr positiv aufgenommen worden ist. Es ist daher sicher zutreffend, wenn die Berichte der Evangelien

Jesus vor allem »in schlechter Gesellschaft« (A. Holl) zeigen und sagen, daß seine Botschaft vor allem bei »Zöllnern und Dirnen« – für die damalige Zeit beides unehrenhafte Formen des Gelderwerbes – gut ankam, beim religiösen Establishment aber anstößig wirkte und auf Ablehnung stieß.

Die Ablehnung Jesu durch das religiöse Establishment wird in den Evangelien damit begründet, daß Jesus gegen die Selbstgerechtigkeit dieses Religionsverständnisses auftritt und erklärt, daß Gott die liebt, die um ihre Schwächen wissen und auf Gottes Erbarmen bauen (vgl. Lukas 18, 9 ff.). Dennoch reicht dieser Gegensatz wohl kaum aus, um die religiöse Führungsspitze des Volkes so sehr gegen Jesus aufzubringen, daß es ihr gelingt, große Volksmassen zu mobilisieren, um seine Verurteilung als Volksverführer oder Volksaufwiegler zu verlangen – und dies innerhalb einer doch recht kurzen öffentlichen Wirksamkeit von wenigstens einem Jahr, höchstens aber drei Jahren. Deshalb nehmen viele Forschende heute an, daß der eigentliche Grund für den Konflikt zwischen dem religiösen Establishment und Jesus vielleicht das Vertreiben der Händler aus dem Tempel (Matthäus 21, 12 ff.; Markus 11, 15 ff.; Lukas 19, 45 ff.; Johannes 2, 13 ff.) gewesen sein könnte, weil dadurch das religiöse Versorgungssystem als solches tangiert worden sei. Sicher ist, daß die wahren Gründe für den Konflikt im Neuen Testament eher im dunkeln bleiben. Der Konflikt zwischen den Pharisäern und Jesus dürfte für den Prozeß gegen Jesus kaum ausschlaggebend gewesen sein, weil diese religiöse Gruppe für die Mehrheitsentscheidungen im Hohen Rat keine große Bedeutung gehabt hat (vgl. den Abschnitt »Jesu Leiden, Tod und Auferstehung«).

Umstritten ist in der Forschung heute, was sich über das Selbstverständnis Jesu sicher sagen läßt. Glaubte Jesus von sich selbst, der von Johannes dem Täufer Vorhergesagte zu sein? Dachte Jesus von sich selbst, der Messias zu sein? Wußte er von

Anfang an darum, daß seine Mission scheitern mußte und daß er von Gott von den Toten erweckt werden sollte? Die nüchterne Analyse der Aussagen Jesu in den Evangelien legt die Vermutung nahe, daß Jesus den Anbruch der Gottesherrschaft, nicht aber sich selbst verkündet hat. Der verkündigende Jesus von Nazareth erscheint uns demnach anders als der verkündigte Christus der Urgemeinde, die sich zu ihm als dem Gekreuzigten und Auferstandenen bekennt und somit Jesus selbst zum Gegenstand ihrer Verkündigung macht. Es scheint, daß dieser historische Jesus mit seiner Botschaft ganz innerhalb des Judentums seiner Zeit verankert ist und sein Streben darauf richtet, möglichst vielen Menschen die frohe Botschaft von der Barmherzigkeit Gottes unmittelbar vor dem Anbruch der Gottesherrschaft zu verkündigen. Erst durch das Scheitern Jesu bei dieser Mission bekommt alles eine andere Wendung. Leiden und Tod Jesu erweisen sich als unausweichbares Schicksal.

Jesu Leiden, Tod und Auferstehung

Als zeitlichen Endpunkt des öffentlichen Wirkens Jesu nennen die meisten Forschenden das Jahr 30 nach unserer Zeitrechnung, in dem Jesu Kreuzigung stattgefunden haben soll. Damit gehen sie vom selben Jahr aus, das auch das frühe Christentum immer als Todesjahr Jesu angenommen hat. Übereinstimmend berichten alle Evangelien, daß Jesus anläßlich des Passahfestes in Jerusalem hingerichtet worden ist und daß der Todestag ein Freitag, d.h. der Rüsttag vor einem Sabbat (Samstag als jüdischer Wochenfeiertag), gewesen ist. Laut dem Evangelium nach Markus und denen der anderen Synoptiker ist dies der 15. Nisan gewesen (Markus 14, 12ff.), nach Johannes jedoch der 14. Nisan (Johannes 18, 28; 19, 14.31). Damit beginnen die nicht harmonisierbaren Schwierigkeiten in den Details der Leidensgeschichte.

Der Unterschied beim Todesdatum Jesu (15. oder 14. Nisan) ist für die Deutung des Geschehens aus der Sicht der Evangelisten bedeutungsvoll. Nach den Synoptikern hält Jesus mit den Jüngern das Passahmahl als eine Art symbolische Hingabe seines Fleisches und Blutes für die Sünden der Menschen, während er nach Johannes am Tag des Passahmahles selbst als Opferlamm geschlachtet und für die Menschen geopfert wird. Vermutlich ist hier Johannes deshalb zu folgen, weil die Römer wohl am hohen ersten Festtag des Passahfestes keine Exekutionen durchgeführt haben, um die Gefühle der Juden nicht zu verletzen, was für den Vortag des Passahfestes sicherlich nicht galt.

Schwierigkeiten machen auch die Details, die im Neuen Testament über die Prozeßführung und die Zeit der Verhöre zu finden sind. So sind Synedriumssitzungen im Haus des Hohenpriesters verboten, Gerichtsverhandlungen für Kriminalfälle des Nachts nicht zulässig und Prozesse an Tagen vor Festen nicht gestattet. Von jüdischer Seite wird zudem darauf hingewiesen, daß die Verurteilung Jesu wegen Gotteslästerung (Markus 14, 61–64 u. ö.) – mit der Begründung, er habe sich selbst zum Messias erklärt und zum Sohn Gottes gemacht – nicht in Frage komme, da es ein solches Gesetz (vgl. Johannes 19, 7) gar nicht gegeben habe. Hinzu kommt, daß die Pharisäer als Jesu Hauptkontrahenten beim Prozeß keine Rolle gespielt haben können, weil im Hohen Rat Sadduzäer in der Mehrheit waren, die in den Evangelien kaum in Erscheinung treten. Als Fazit bleibt somit die Kreuzigung als Strafe für einen Verbrecher, wobei die Einzelheiten dieses Ereignisses ebenso unbekannt sind wie der wahre Grund der Anklage und Verurteilung.

Schließlich ist auch die Auferweckung von den Toten voller Probleme. Sicher ist, daß der Morgen des Ostersonntags in allen Berichten übereinstimmend als Zeitpunkt für die Auferstehung genannt wird. Wem Jesus wann und wo erschienen ist, wird in den einzelnen Evangelienberichten verschieden erzählt, so daß erneut Unklarheiten bei den Details der Berichterstattung bestehen. Die Annahme, daß der Ostersonntag als sicherer Ausgangspunkt genommen werden kann, hat ihren Grund darin, daß die Christen in diesem Ereignis eine Erfüllung einer Weissagung Jesu bezüglich seiner Auferstehung am dritten Tage sahen (vgl. Matthäus 12, 40). Demgegenüber haben die Juden aber immer wieder darauf hingewiesen, daß von Freitagnachmittag bis Sonntagmorgen keine drei Tage vergangen sind und folglich die Weissagung durch die Auferstehung nicht erfüllt wurde. Im übrigen hatten sie – wie in den Evangelienberichten angedeutet – die Kunde verbreitet, der Leichnam Jesu sei von seinen Jüngern gestohlen oder vom Gärtner umgebettet worden. Dies deutet darauf hin, daß der Leichnam Jesu nicht auffindbar war, die These von seiner Auferstehung aber durch plausible Erklärungen für das Verschwinden des Leichnams entkräftet worden ist.

Die heute vor allem durch die islamische Ahmadiyyah-Mission verbreitete These, daß Jesus nach der Kreuzigung nicht ganz tot gewesen, danach wieder aufgewacht und geflohen und schließlich im hohen Alter in Indien gestorben sei, entbehrt jeder historischen Grundlage. Die Überlieferung dieser Geschichte reicht nicht weiter als bis ins 19. Jahrhundert zurück und kann nicht ernsthaft in die wissenschaftliche Diskussion eingebracht werden.

Der Glaube der ersten Christen lebt nach all dem Gesagten aus der Überzeugung, daß Jesus von Nazareth, der am Kreuz gestorben ist, von Gott von den Toten auferweckt worden ist und all denen, die an ihn glauben, Anteil an seiner Herrlichkeit schenken und Rettung im Gericht Gottes gewähren wird. Dieser Glaube setzt folglich ganz bestimmte Erwartungen voraus. Er antwortet auf Ängste und Nöte, die für die Welt und Umwelt Jesu typisch sind. Deshalb ist es notwendig, sich im folgenden mit dieser Umwelt des Neuen Testamentes näher zu befassen.

3. Welt und Umwelt des Neuen Testamentes

Die bisherigen Ausführungen haben gezeigt, daß die neutestamentlichen Zeugnisse durch politische Vorgaben ebenso geprägt sind wie konzeptionell durch zwei unterschiedliche geistesgeschichtliche Hintergründe: die jüdische Glaubenswelt und griechisch-hellenistische Vorstellungen. Beide Hintergründe sind möglicherweise von Anfang an für die Jesus-Bewegung ausschlaggebend gewesen, weil Jesus aus Nazareth in Galiläa kommt und somit er selbst wie auch die meisten seiner Jünger in jener Provinz des damaligen Judentums groß geworden sind, die stark hellenistisch beeinflußt war. Die Bevölkerung dieser Provinz war zur Zeit Jesu zweisprachig, d.h., sie sprach neben dem semitischen Aramäisch, das eng mit dem biblischen Hebräisch verwandt ist, auch Koine-Griechisch, jenes Umgangsgriechisch, das als Lingua franca im gesamten östlichen Mittelmeerraum des Römischen Reiches benutzt wurde.

Es ist umstritten, inwieweit Jesus selbst Griechisch verstanden oder gesprochen hat. Die Evangelien sagen darüber nichts, ja sie lassen erkennen, daß Jesus offenbar stark biblisch-semitisch ausgerichtet gewesen ist und vorzugsweise auf die jüdische Tradition zu sprechen kam, wenn es zu Auslegungsschwierigkeiten mit dem jüdischen Establishment gekommen ist. Zudem fällt auf, daß die Evangelien keinen Besuch Jesu in einer hellenistischen Stadt seiner Heimatprovinz (z.B. Sepphoris oder Tiberias (auch Magdala)) erwähnen. Nichtjüdisches Gebiet scheint er überhaupt gemieden zu haben. Statt dessen werden kleine Orte wie Chorazin, Betsaida oder Kapharnaum genannt (vgl. Matthäus 11, 20 ff.). Alles spricht also dafür, daß Jesus selbst wenig hellenistisch gedacht hat und ausschließlich dem jüdischen Erbe verpflichtet gewesen ist. Dennoch sind die politischen Rahmenbedingungen auch die seines Lebens, weshalb kurz auf sie eingegangen werden soll, bevor das Judentum und die hellenistischen Strömungen dieser Zeit vorgestellt werden.

Die politische Situation Palästinas um die Zeitenwende

Palästina, das Land der Philister – wie der Name sagt –, ist seit Jahrtausenden eines der umstrittensten Gebiete der Erde. Es ist gekennzeichnet durch vielerlei Einwanderungen und, dadurch bedingt, durch eine Mischkultur, in der sprachlich wie kulturgeschichtlich viele Völker ihre Spuren hinterlassen haben. Politisch ist es immer wieder für die Machtbestrebungen der umliegenden Großmächte von Interesse gewesen. Vor allem Syrien, Babylonien (das Zweistromland, also das Gebiet des heutigen Irak) und Ägypten errangen abwechselnd die Vorherrschaft in dieser Weltgegend und konnten zeitweise das Land der Juden unter ihre Herrschaft bringen.

Von nachhaltiger Bedeutung waren zwei Eroberungen, die vom Zweistromland ausgingen und das Land der Juden im Kern trafen: die Eroberung Samarias von 722 vor unserer Zeitrechnung und die von Judäa im Jahre 587 vor unserer Zeitrechnung. Beide führten zu Deportationen der ansässigen jüdischen Bevölkerung nach Babylon. Die Folgen für die Religionsgeschichte waren in beiden Fällen von großer Bedeutung. Die erste Deportationswelle führte zur Neuansiedlung nichtjüdischer Bevölkerung in Samaria und Umgebung und bewirkte, daß diese polytheistisch orientierte Mischbevölkerung, die Samaritaner, stets von gläubigen Juden gemieden wurden. Die zweite Deportationswelle war großen Stiles und ist in die Geschichte des Judentums als babylonisches Exil eingegangen. Es ist eine Zeit, in der das Judentum keinen Tempel mehr besaß und sich in der Fremde eine neue Form jüdischer Existenz herausbildete, die sich an die mündliche Überlieferung hielt und den Gottesdienst in Form von Gemeindezusammenkünften (Synagogen) abhielt. Dank dieser Umstrukturierung überlebte das Judentum in der babylonischen Gefangenschaft und konnte religiös gestärkt von dort wieder nach Palästina zurückkehren, nachdem der Perserkönig Cyrus 539 vor unserer Zeitrechnung das Neubabylonische Reich sowie den syrisch-palästinensischen Raum erobert hatte. Für die Juden bedeutete dieser Sieg eine Befreiung im Sinne der Rückkehr in die alte Heimat und zugleich die Fortsetzung einer Fremdherrschaft – nun unter persischer Ägide –, bis Alexander der Große die Perser aus dem Vorderen Orient vertrieb und ab 333 vor unserer Zeitrechnung in der Region sein eigenes Reich errichtete. Mit dem Reich Alexanders zog die hellenistisch-griechische Kultur im Vorderen Orient ein und prägte diesen für die nächsten Jahrhunderte.

Nach dem Tod Alexanders im Jahre 323 vor unserer Zeitrechnung wurde die riesige Hinterlassenschaft unter mehrere Nachfolger aufgeteilt, so daß Ägypten und Syrien erneut zu wichtigen Machtzentren wurden und Palästina zunächst unter ägyptische und dann unter syrische Herrschaft geriet. In beiden Fällen durften die Juden ihre eigenen Angelegenheiten selbst regeln. Die Leitung der Judenschaft lag in der Hand des Hohenpriesters, dem ein Rat – der Hohe Rat (das Synedrium) – zur Seite stand, der aus Priestern und Ältesten bestand, zu denen im 1. Jahrhundert vor unserer Zeitrechnung noch die »Schriftgelehrten« als weitere Gruppe hinzukamen. Dessen ungeachtet versuchten die Herrscher immer wieder, die Hellenisierung im ganzen Land durchzusetzen.

Das Judentum reagierte auf diese Entwicklungen mit zwei verschiedenen Orientierungen: Hellenisierung oder Gesetzestreue. Dementsprechend zeigten sich die der Hellenisierung gegenüber aufgeschlossenen Juden zu Kompromissen mit der Herrschaftskultur bereit. In zunehmendem Maße ließen sich deshalb auch Juden in Städten außerhalb Palästinas (der sog. jüdischen Diaspora) nieder und brachten ihre Ethik und Religion als philosophische Schulmeinung in die Diskussion ein, womit sie in hellenistischen Kreisen großen Erfolg hatten und zahlreiche Menschen so sehr ansprachen, daß diese sogar zum Judentum übertreten wollten und als »Proselyten« (Hinzugekommene) auch akzeptiert wurden. Verständigungssprache unter diesen hellenistischen Juden war das Koine-Griechisch, das in den Großstädten Ägyptens und Kleinasiens in jüdischen Kreisen allmählich das Hebräische vollständig verdrängte, so daß es notwendig wurde, die Hebräische Bibel ins Griechische zu übersetzen, um diesen Menschen Zugang zu den Quellen der jüdischen Religion zu gewähren. Auf diese Weise entstand die Septuaginta, die unter den Juden griechischer Zunge zirkulierte.

Die Linie strikter Gesetzestreue fand vor allem in Palästina Anhänger und schreckte auch vor Gewaltanwendung nicht zurück, wenn es darum ging, hellenisierende Maßnahmen im Lande abzuwehren. Berühmt in diesem Zusammenhang ist der sog. Makkabäeraufstand von 164 vor unserer Zeitrechnung, der als Erfolg die Wiedereinweihung des Tempels von Jerusalem verbuchen konnte, aber durch den gewaltsamen Tod von Judas Makkabäus 160 vor unserer Zeitrechnung beendet wurde und schließlich zur Herrschaft der Hasmonäer (142 – 63 vor unserer Zeitrechnung) führte.

Das Ende der Hasmonäerherrschaft erfolgte durch Pompejus, der 63 vor unserer Zeitrechnung für das Römische Reich Ansprüche in der Region anmeldete und teilweise durchsetzte. Palästina wurde größtenteils dem ebenfalls römischen Syrien unterstellt und schließlich unter Herodes dem Großen (37–4 vor unserer Zeitrechnung) endgültig ins Römische Reich eingegliedert. Wieder regten sich Gegenkräfte aus den Reihen der Gesetzestreuen, die mit unterschiedlichen Mitteln die Römische Herrschaft beseitigen wollten. Nach dem Tod von Herodes wurde dessen Herrschaftsgebiet aufgeteilt. Alle Gebiete standen eindeutig unter römischer Oberherrschaft. Trotz des Prinzips »Teile und herrsche« kam das Gebiet nicht zur Ruhe. Im Jahr 66 nach unserer Zeitrechnung begann der jüdisch-römische Krieg, der 70 nach unserer Zeitrechnung durch den Sieg der Römer unter Titus und die Zerstörung des Tempels von Jerusalem beendet wurde. Seither ist dieser Tempel nie wieder aufgebaut worden. In der Folge kam es zu weiteren Kämpfen, unter denen der Widerstand von Massada am Toten Meer (73/74 nach unserer Zeitrechnung) und der Aufstand unter Bar Kochba in Jerusalem (132–135 nach unserer Zeitrechnung) die bekanntesten sind. Die Römer reagierten auf all dies ab 70 nach unserer Zeitrechnung mit systematischer Vertreibung der Juden aus der Region. Diese Politik führten sie derart konsequent durch, daß es für fast zweitausend Jahre keinen jüdischen Staat auf palästinensischem Boden mehr gab. Erst durch die zionistischen Einwanderungen von Juden seit Ende des 19. Jahrhunderts in diese Region des Osmanischen Reiches und dann durch die Gründung des Staates Israel 1947 ist die römische Vertreibungspolitik des ausgehenden 1. und beginnenden 2. Jahrhunderts nach unserer Zeitrechnung wieder rückgängig gemacht worden.

Das Judentum zur Zeit Jesu

Die religiösen Gruppierungen

Die Forschung hat heute durch den Fund zahlreicher Texte und durch Ausgrabungen ein recht differenziertes Bild vom Judentum der Zeit Jesu, das weit weniger dramatisch aussieht als in den Sensationsberichten der Medien und Populärliteratur, die immer wieder suggerieren, daß vieles ganz anders gewesen sei, als es vom Judentum und Christentum gelehrt wird. Religionspolitisch spielten damals vor allem vier Gruppierungen eine Rolle: die Sadduzäer, die Pharisäer, die Essener und die Zeloten.

Die Sadduzäer waren spätestens ab 140 vor unserer Zeitrechnung, als die Hasmonäer eine erbliche Dynastie im jüdischen Gebiet einführten, ein politisch wichtiger Machtfaktor und behaupteten diese Position auch noch, als die Römer 63 vor unserer Zeitrechnung Palästina ins Römische Reich eingegliedert und die Herrschaft von König Herodes dem Großen (37 – 4 vor unserer Zeitrechnung) unterstützt haben. Ihr Einfluß blieb stark bis zur Zerstörung des Tempels im Jahre 70 nach unserer Zeitrechnung. Zu den Sadduzäern gehörten vor allem die Priester und Aristokraten. Der Name ist vermutlich vom Priestergeschlecht des Zadok abgeleitet. Auch Schriftgelehrte scheint es unter ihnen gegeben zu haben. Theologisch sind sie insofern konservativ gewesen, als sie nur die Aussagen der Torah, d.h. der fünf Bücher Mose, gelten ließen und deshalb wie in der Anfangszeit der jüdisch-biblischen Religion nicht an ein Weiterleben der Seele nach dem Tod glaubten. Des weiteren lehnten sie alle weitergehenden Erklärungen und Auslegungen der Torah, die sog. mündliche Torah, ab und glaubten nicht an Engel. Politisch waren sie konservativ, bemühten sich, die bestehende Gesellschaftsordnung zu bewahren und jeden Angriff auf die herrschenden Verhältnisse abzuwehren. Die Orientierung am Tempel als dem eigentlichen Zentrum des Judentums war für sie oberste Devise. So ist es nicht verwunderlich, daß sie nach der Zerstörung des Tempels (70 nach unserer Zeitrechnung) ebenso untergingen wie das von ihnen vertretene Konzept des Judentums. Ihre hauptsächlichen Gegenspieler waren die Pharisäer.

Die Pharisäer begegnen uns historisch relevant als Gegenspieler der sadduzäischen Tempelaristokratie und des hasmonäischen Herrscherhauses. Sie glaubten an die Unsterblichkeit der Seele, an Engel, an die Auferstehung der Toten und an die Vergeltung für die menschlichen Taten im Jenseits. Sie überlebten als Gruppe den Niedergang des Judentums nach der Zerstörung des Tempels und trugen maßgeblich zur Restrukturierung des Judentums in der Zeit danach bei. Ihre Mitglieder kamen weniger aus Priesterkreisen, sondern waren vorwiegend Händler, Kaufleute und Bauern, die sich in ihrer Freizeit dem Bibelstudium hingaben und um eine strikte Einhaltung aller Regeln des jüdischen Religionsgesetzes bemüht waren. Kultische Reinheit war für sie von besonderer Wichtigkeit, deshalb hüteten sie sich vor jeder Form von Verunreinigung, sei es im Umgang mit Menschen oder Sachen. Jesu Haltung zu ihnen ist nicht grundsätzlich negativ. Er pflegt Tischgemeinschaft mit ihnen (vgl. Lukas 7, 36; 11, 37) und diskutiert offensichtlich des öfteren mit ihnen. Der entscheidende Unterschied zwischen Jesus und den Pharisäern liegt darin, daß Jesus die Liebe zu Gott und zum Nächsten über die Gesetzespraxis stellt und bei Prioritätskonflikten jeweils zugunsten der Menschlichkeit entscheidet, wie etwa das Beispiel der Heilung eines Kranken am Sabbat zeigt (vgl. Lukas 6, 6 ff.).

Die Essener waren eine religiöse Gruppierung, die vom jüdischen Geschichtsschreiber Josephus erwähnt wird und von der man heute glaubt, daß sie mit der Gemeinde von Qumran in Verbindung gebracht werden darf. Daß dies nur eine Vermutung ist, hängt damit zusammen, daß die erst seit 1947 in Höhlen am Toten Meer gefundenen Texte einer religiösen jüdischen Gemeinschaft aus der Zeit Jesu nirgends den Begriff »Essener« als Selbstbezeichnung verwenden, von ihren Lehren aber dem sehr nahekommen, was Josephus über die Essener sagt. Es handelte sich bei ihnen um eine sehr streng ritualistisch ausgerichtete Gruppierung, die sich als einzig legitime Repräsentanz Israels verstand und davon überzeugt war, daß allein sie am Tage des Gottesgerichtes gerettet werden. Sie vertrauten darauf, durch strenge Einhaltung aller Regeln von Gott als würdig dafür angesehen zu werden. Die Forschung hat immer wieder die Idee geprüft, ob Johannes der Täufer oder Jesus zu dieser Gemeinschaft Beziehungen gehabt und eventuell Teile ihrer Lehre übernommen hat. Die inzwischen zugänglichen Texte lassen begründet vermuten, daß dies nicht der Fall gewesen ist, ja sie helfen zu verstehen, wie anders die Verkündigungen und Lehren beider im Vergleich zur Gemeinschaft von Qumran gewesen sind.

Die Zeloten sind schließlich jene gesetzestreuen »Eiferer«, die zum bewaffneten Aufstand gegen die Fremdherrschaft aufriefen und sich in diesem Sinne auch engagierten. Sie schreckten vor Kampfeshandlungen nicht zurück und übten sich in Guerillakämpfen, um ihre politischen Ziele zu erreichen. Ihr Ziel war es, die politische Selbständigkeit Israels zu erlangen und im Vertrauen auf Gott die Herrschaft der jüdischen Religion im Lande durchzusetzen. Sie konnten deshalb immer wieder Anhänger in der Bevölkerung finden, weil der religiöse Nährboden für solche Ideen günstig gewesen ist.

Zwei Grundideen prägen das jüdische Denken der Zeit Jesu in besonderer Weise: die Apokalyptik und die Messiaserwartung. Unter Apokalyptik versteht man jene Grundüberzeugung der jüdischen Religion, daß Gott kommen und seine Herrschaft errichten wird. Dies wird in Form eines Gerichtes über sein Volk wie über die gesamte Menschheit/Welt geschehen, so daß der Tag des Gerichtes für die Getreuen ein Tag der Freude und der Erlösung, für die Sünder ein Tag der Abrechnung und der Bestrafung sein wird. Ein solcher Gedanke findet sich bereits in den prophetischen Schriften der Hebräischen Bibel und wird in den Zeiten der Fremdherrschaft im jüdischen Volk immer stärker und konkreter ausformuliert. Nach allem, was wir heute über die Zeit Jesu in Palästina sagen können, scheinen damals die Erwartungen dieses Endzustandes besonders intensiv und in vielen Kreisen vertreten worden zu sein. Alles spricht dafür, daß die Mehrzahl der jüdischen Zeitgenossen Jesu davon überzeugt gewesen ist, daß es – um eine moderne Formulierung zu gebrauchen – »fünf vor zwölf« war, daß also nicht mehr viel Zeit blieb, bis dieses Endgericht Gottes hereinbrechen würde.

Angesichts dieser Situation waren die Reaktionen der Menschen unterschiedlich. Die Pharisäer waren wohl davon überzeugt, daß nur das strikte Einhalten des jüdischen Religionsgesetzes eine Chance, in diesem Endgericht zu bestehen, bietet. Die Essener glaubten, daß nur die Mitglieder ihrer Gemeinschaft gerettet werden würden. Johannes der Täufer verkündete die Rettung durch die Annahme seiner Taufe im Jordan, und für Jesus bedeutete das als Endgericht und Heilszeitbeginn eintretende Reich Gottes ein aktives Erdenhandeln Gottes in Barmherzigkeit und Liebe.

So unterschiedlich wie die Reaktionen waren auch die Erwartungen bezüglich des Bevorstehenden. Die Zeloten gingen von einer politischen Lösung aus, die aktiv herbeigeführt werden müsse. Andere erwarteten den Messias, von dem es ebenfalls recht verschiedene Vorstellungen gab. Diese reichten von einem irdischen König über einen himmlischen Herrscher bis zu einem priesterlichen Retter. Im Gegensatz zur christlichen Überlieferung wird der Messias von seiten der Juden in vorchristlicher Zeit nie als Wundertäter oder Gottessohn bezeichnet. Dank der Qumran-Texte-Forschung kann man mit Stegemann feststellen:

»[...] daß im damaligen Judentum der königliche Messias als künftige Heilsgestalt nur für die *Zwischenzeit* vom Beginn des Endgerichts bis zur Heilsvollendung bedeutsam war. In Aussagen über die anschließende, von allem Bösen freie Heilszeit kommt er nie vor, ebensowenig in den Heilszeitdarstellungen anderer jüdischer Schriften aus eindeutig vorchristlicher Zeit. Die Messiaszeit betrachtete man damals noch nicht als die eigentliche Heilszeit, sondern nur als die zeitlich begrenzte Phase vom Beginn des künftigen Heilshandelns Gottes bis zu dessen voller Durchsetzung.

Die vieljährige Spanne der Messiaszeit dachte man freilich stets im Rahmen der natürlichen Lebenserwartung eines Mannes, der der königliche Messias als leiblicher Nachkomme Davids ja sein mußte. Weil Gott ihn schützte, lag jeder Gedanke an ein Sterben des Messias vor Vollendung seiner Aufgabe völlig fern. Erst das Todesschicksal Jesu *vor* der Vollendung des Reiches Gottes auf Erden hat *bei den Christen* die bisherige Messiasvorstellung verändert und erstmals den Gedanken an einen ›sterbenden Messias‹ bewirkt. Nie zuvor im Judentum galt der Messias als wirklich gekommen oder hatte gar ein entsprechendes Geschick.«[4]

Gerade die Qumran-Texte-Forschung hat somit einen tiefen Einblick in die jüdische Umwelt Jesu und ihre Ideen ermöglicht und auf diese Weise die Ähnlichkeiten wie die Unterschiede im Vergleich zu Jesus deutlich herausgearbeitet. Da die neutestamentlichen Texte sich aber nicht nur auf den zeitgenössischen jüdischen Hintergrund beziehen, sondern auch hellenistisch-griechisches Vokabular und Ideengut verwenden, ist auch ein Blick auf die griechisch-hellenistischen Vorstellungen vonnöten.

Die griechisch-hellenistischen Vorstellungen

Die frohe Botschaft, die im Evangelium nach Lukas die Engel den Hirten auf dem Feld nach der Geburt Jesu verkünden, lautet: »Heute ist euch in der Stadt Davids der Retter (sôtêr) geboren; er ist der Messias, der Herr (kyrios).« (2, 11) Während »Messias« eindeutig auf den jüdischen Kontext hinweist, beziehen sich die beiden anderen Begriffe »Retter/Heiland« und »Herr« auf den griechisch-hellenistischen. Daher werden im folgenden zunächst die Mysterienreligionen mit ihren Heilserwartungen, dann die Volksreligion, danach der Herrscherkult und schließlich die Popularphilosophie und die Gnosis angesprochen.

Die Mysterienreligionen

Als »Mysterienreligionen« werden Geheimkulte bezeichnet, die in den Jahrhunderten vor der Zeitenwende sowie in den ersten Jahrhunderten nach unserer Zeitrechnung im Römischen Reich starke Verbreitung fanden und in den meisten Fällen vorderorientalischen oder ägyptischen Ursprungs sind. Über ihre genauen Lehren bestehen noch immer Unklarheiten, weil den Gläubigen die Pflicht zur Geheimhaltung der Lehre (Arkandisziplin) auferlegt war und infolgedessen unsere Kenntnisse über sie vielfach nur lückenhaft sind.

Allen diesen Kulten scheint der Glaube an einen persönlichen Rettergott (sôtêr) gemeinsam zu sein, der den Eingeweihten Teilhabe an der Unsterblichkeit verspricht und somit ein Heil verheißt, das die traditionelle Götterreligion Griechenlands und Roms nicht anzubieten hatte. Vielfach wird der Übergang vom Tod zum Leben, den die Eingeweihten erleben, durch einen Vegetationsmythos beschrieben, in dem das Sterben und Wiederlebendigwerden des Gottes dargestellt werden. So etwa erzählt ein Mythos, daß der phrygische Gott Attis, von der eifersüchtigen Kybele in Raserei versetzt, sich selbst entmannt, stirbt und wieder aufersteht, was in mythischen Ereignissen im Kult dramatisch nachvollzogen wird. Ähnlich lauten die Beschreibungen des phönikisch-syrischen Vegetationsgottes Adonis, der von einem Eber getötet wurde und auf Bitten der Göttin Aphrodite wieder zu neuem Leben ersteht. In diesen Zusammenhang gehört auch die Verehrung der Göttin Isis aus Ägypten, die den sterbenden Totengott Osiris wieder ins Leben zurückführt. Von etwas anderer Art, aber doch zu dieser Kategorie von Religionen gehörend, ist der Mithras-Kult, bei dem Mithras die Tötung des Stieres vornimmt, aus dessen Blut neues Leben hervorgeht, an dem die Männer (es werden keine Frauen in diesen Kult aufgenommen!) durch Blutsweihe und in Form von Mahlfeiern teilhaben.

Es liegt auf der Hand, daß die Forschung immer wieder zu klären versucht hat, ob und gegebenenfalls wie das frühe Christentum durch die Mysterienreligionen beeinflußt worden ist. Vor allem der Glaube an einen Rettergott/Heiland, die Vorstellung vom verheißenen ewigen Leben und die liturgischen Feiern von Taufe und Abendmahl haben diese Vermutung beflügelt und dazu geführt, daß die Forschung immer wieder nach Parallelen Ausschau hält. Eine genaue Analyse der Texte zeigt jedoch, daß durch die Quellen eine solche Abhängigkeit von den Mysterienkulten nicht ausreichend belegt werden kann. Sicher ist, daß die Verkündigung Jesu als des Gekreuzigten und

Auferstandenen/Auferweckten einen sehr viel konkreteren historischen Bezug beinhaltet als die mythische Rede vom Sterben und Wiederlebendigwerden eines Gottes, das sich jährlich neu wiederholt, obwohl nicht zu bestreiten ist, daß die Götter der Mysterienkulte im Laufe der Zeit immer menschenähnlichere Züge angenommen haben. Die Botschaft des frühen Christentums knüpft somit an hellenistische Erwartungen an, ohne daß eine direkte Abhängigkeit postuliert werden kann. Dennoch bleibt es ein Faktum, daß die frühchristlichen Theoretiker, die sog. Apologeten, große Ähnlichkeiten zwischen den Mysterienreligionen und der christlichen Lehre sehen, die sie sich nur damit erklären können, daß der Teufel jene Lehren hervorgebracht hat, um die Menschen zu verwirren und von der wahren Lehre abzulenken. Ohne diese Ähnlichkeiten hätte vermutlich die Verkündigung von Jesus als dem Messias (Christus) keinen durchschlagenden Erfolg in diesem hellenistischen Umfeld gehabt, denn das Kommen des Messias wurde dort nicht erwartet, ja diese Menschen wußten noch nicht einmal von derartigen Vorstellungen und waren somit nicht in der Lage, die Mitteilung über sein Kommen als frohe Botschaft zu begreifen. Deshalb tritt im nichtjüdisch-hellenistischen Milieu die Verkündigung von Jesus als dem »sôtêr« (Retter, Heiland, Erlöser) sehr rasch gleichwertig neben die von Jesus dem Christus und bewirkt dadurch eine kulturelle Adaptation an dieses Milieu, die für die weitere Entwicklung der christlichen Lehre von sehr großer Bedeutung gewesen ist. Alles spricht dafür, daß sich das frühe Christentum den hellenistischen Zeitgenossen als eine Art »Mysterienreligion« präsentierte, wie es die spätere Bezeichnung »militia Christi« nahelegt, da auch andere Mysterienkulte (z.B. des Mithras, der Venus, der Isis) »militia« genannt wurden.

Die Volksreligion

Die hellenistische Volksreligion liebte Wundererzählungen. Diese gehörten für sie ebenso zum Merkmal eines großen spirituellen Führers wie seine Geburt von einer »parthenos« (Jungfrau). Nicht ungewöhnlich war in diesem Zusammenhang auch die Idee vom »göttlichen Menschen« (theios anêr) sowie die von in Menschengestalt erschienenen Göttern. Zudem gehörten damals ungewöhnliche Naturereignisse und Berichte über geheimes Wissen, das aus dem Erscheinen von Sternen abgeleitet wurde, ganz selbstverständlich zu den volksreligiösen Vorstellungen des Hellenismus. Die alte Staatsreligion hatte offenbar ausgedient, und die Menschen waren auf der Suche nach Neuem und bereit, alles, was in Sachen Religion angeboten wurde, aufzunehmen und auszuprobieren. Es war eine Zeit des religiösen Umbruchs, wie es sie in der Geschichte nur selten gibt. Wollte man einen historischen Vergleich wagen, so liegt der mit dem heutigen New Age nahe. Er bietet den Vorteil einer recht bunten religiösen Praxis mit vielerlei Kultformen und einem dennoch recht einheitlichen religiösen Grundmuster, das sich in all diesen Religionsformen wiederfindet.

Was hiermit für die Zeit des frühen Christentums im Römischen Reich gemeint ist, beschreibt zu Beginn des 20. Jahrhunderts Franz Cumont in einer Art Zukunftsvision für das christliche Abendland so:

»Nehmen wir einmal an, das moderne Europa wäre Zeuge davon gewesen, wie die Gläubigen die christlichen Kirchen verließen, um Allah oder Brahma zu verehren, die Gebote des Konfuzius oder des Buddha zu befolgen, die Gundsätze des shinto anzunehmen; denken wir uns ein großes Durcheinander von allen Rassen der Welt, in dem arabische Mullahs, chinesische Literaten, japanische Bonzen, tibetische Lamas, hinduistische Pandits zu gleicher Zeit den Fatalismus und die Prädestination, den Ahnenkult und die Anbetung des vergötterten Herrschers, den Pessimismus und die Erlösung durch Selbstvernichtung verkündigten, und daß alle diese Priester in unseren Städten fremdartig stilisierte Tempel erbauten und in diesen ihre verschiedenen Riten zelebrierten – dann würde dieser Traum, den die Zukunft vielleicht einmal verwirklichen wird, uns ein ziemlich genaues Bild von der religiösen Zerrissenheit gewähren, in der die alte Welt vor Konstantin verharrte.«[5]

In diesem Milieu verkündete das frühe Christentum seine Botschaft von Jesus als »sôtêr«, der von einer Jungfrau geboren ist, auf Erden unter den Menschen gelebt und Wunder gewirkt hat, am Kreuz gestorben und von Gott von den Toten auferweckt worden ist. Er ist der wahre »kyrios«, der allein Verehrung verdient.

Der Herrscherkult

Der Ehrentitel »kyrios« (Herr) verweist im griechisch-hellenistischen Milieu auf den Kaiserkult. Er nimmt seinen Anfang, als Alexander der Große nach seinem Tod (323 vor unserer Zeitrechnung) unter die Götter des Pantheons aufgenommen wird. Im Römischen Reich ist der erste, dem nach seinem Tod eine göttliche Verehrung zuteil wird, Caesar (ermordet 44 vor unserer Zeitrechnung). Unter Kaiser Augustus (31 vor unserer Zeitrechnung bis 14 nach unserer Zeitrechnung) wird diese Vorstellung weiter fortentwickelt. In der Folgezeit wird vom Kaiser als »divus« (göttlichem) gesprochen. Vollends zum Kaiserkult für den regierenden Herrscher wird dann die Verehrung unter Domitian (81–96 nach unserer Zeitrechnung) ausgebaut. Er führt den Titel »Kaiser und Gott«. Die Verehrung des Kaisers wird als Ausdruck des Glaubens an den ewigen Fortbestand des Römischen Reiches gewertet. Deshalb muß es wie ein staatspolitischer Affront wirken, wenn die Christen sich weigern, dem Kaiser diese Verehrung zu erweisen, und darauf hinweisen, daß sie nur einen wahren »Herrn« (kyrios) anerkennen, nämlich Jesus Christus.

Die Popularphilosophie

Als Paulus auf dem Areopag in Athen zu predigen begann, begegneten ihm nach den Worten der Apostelgeschichte epikureische und stoische Philosophen (Apostelgeschichte 17, 18). Damit sind die beiden wichtigsten philosophischen Richtungen der damaligen Zeit genannt.

Die Epikureer, die sich auf Epikur (etwa 342–270 vor unserer Zeitrechnung) als Gründer ihrer Schule beriefen, waren in all ihrem Tun auf den Gewinn eines Höchstmaßes an Glück (griech.: eudaimonía) ausgerichtet, das es im Hier und Jetzt zu verwirklichen galt. Theologische Spekulationen über Gott und die Welt interessierten sie nicht. Ihr Ziel war es, das irdische Glück zu erlangen und in vollen Zügen zu genießen. Mit dieser Zielsetzung fanden sie viele Anhänger und bewirkten, daß diese sich dem Genuß hingaben und vom politischen Alltagsgeschehen Abstand hielten. Zur goldenen Regel dieses Genießens gehörte es, Exzesse zu vermeiden, um nicht durch Übelkeit oder Unwohlsein für ein Übermaß an Genußsucht büßen zu müssen. Deshalb lag es den Epikureern am Herzen, einen so gut dosierten Glückszustand herzustellen, daß sein möglichst langes Andauern in keiner Weise gefährdet war. Ihre Anweisungen waren folglich aus Nützlichkeitserwägungen erwachsen, ihnen lagen keine metaphysischen Überlegungen oder ethische Anweisungen religiöser Art zugrunde. Es versteht sich von selbst, daß diese epikureische Glückssuche durch die Verkündigung des frühen Christentums nicht befriedigt werden konnte, und so ist es auch nicht verwunderlich, daß das Neue Testament nirgends von »eudaimonía« als Angebot spricht, sondern stets auf ein Heil verweist, das ein »Heiland« (sôtêr) bringt.

Zu den hellenistischen Gegnern dieser diesseitigen Glückssuche der Epikureer zählten vor allem die Stoiker. Sie lehrten, daß das menschliche Handeln den Gesetzen der Natur entsprechen müsse, und begriffen den ganzen Kosmos als eine große Einheit, dessen Gesetzmäßigkeit durch die Vernunft (lógos) erkannt werden kann und zur Maxime des Handelns gemacht werden muß. Das stoische Humanitätsideal war kosmopolitisch ausgerichtet und sah alle Menschen – ungeachtet ihrer Herkunft und ihrer gesellschaftlichen Stellung – als Mit-Menschen an, denen man mit Achtung und Respekt begegnen sollte. Die stoischen Morallehren verfochten daher ähnliche Ideale wie die Prinzipien der christlichen Nächstenliebe. Auf der praktischen Ebene ließen sie sich gut mit den Handlungsanweisungen der Kyniker verbinden und wurden meist in Form von Tugend- und Lasterkatalogen zusammengefaßt, wie sie auch aus den Paulus-Briefen des Neuen Testamentes bekannt sind.

Die Gnosis

Als philosophische Richtung eigener Art ist die Gnosis zu bezeichnen. Ihre Grundpositionen finden sich in christlichen wie in nichtchristlichen Texten, so daß wir von einer weitverbreiteten Geistesströmung ausgehen müssen, die vielfältige Facetten und Erscheinungsformen gefunden und in immer neuen Bewegungen durch die Jahrhunderte ihr Grundanliegen geltend gemacht hat. Dieses kann durch zwei Hauptvorstellungen umschrieben werden: Dualismus und Erkenntnis.

Der Dualismus teilt alles Dasein in zwei große Bereiche ein: die Welt des Guten und die Welt des Bösen, die sich unversöhnlich gegenüberstehen und bestrebt sind, in einem kosmisch verstandenen Kampf die alleinige Herrschaft zu erringen. Demzufolge gibt es keine Neutralität, alles Dasein gehört entweder zur einen oder zur anderen Seite. Somit sind die uns als Gegensätze bekannten Erscheinungsformen von Licht und Finsternis, Geist und Materie oder Seele und Leib nichts anderes als die konkreten Auswirkungen dieses kosmischen Konfliktes zwischen Gut und Böse. Gott und Teufel sowie deren Diener (Engel und Teufel) spiegeln auf metaphysischer Ebene diesen Konflikt ebenso wider wie Seele und Leib beim Menschen. Demnach geht die Trennungslinie zwischen diesen Bereichen durch die Menschen selbst hindurch und bringt sie in eine Entscheidungssituation, von deren Ausgang Heil und Unheil der Menschen abhängt.

Heil und Unheil sind also kein Schicksal, dem die Menschen ausgeliefert sind, sie sind auch nicht durch die Gnade eines Gottes oder die Nachstellungen des Teufels bewirkt, sondern das Heil ist die unmittelbare Folge einer bewußten menschlichen Entscheidung für das Gute. Diese setzt Einsicht in die wahren Daseinszusammenhänge voraus und hilft dadurch vermeiden, daß Menschen gedankenlos ins Unheil hineinschlittern. Gnosis (Erkenntnis) ist deshalb notwendig, damit sich die Menschen ihres göttlich guten Seelenursprungs erinnern und ihre Seele aus dem Kerker des Fleisches, von Leib und Materie befreien. Bildlich wird dies im Lied von der Perle dargestellt, in dem erzählt wird, daß vor undenklichen Zeiten eine göttliche Perle vom Himmel herabgefallen und in die Materie eingetaucht ist. Ihr Eingehen in diese materielle Welt war so tiefgründig, daß jegliche Erinnerung an den göttlich lichtvollen Ursprung der Perle verlorenging. Erst als der Sohn des himmlischen Königs aus den lichtvollen Höhen herabstieg und immer mehr von seiner ursprünglichen Erscheinungsform ablegte und Irdisches annahm, gelang es ihm, die Perle zu finden und in ihr die Erinnerung an ihren göttlichen Ursprung wachzurufen. Durch diese

Erkenntnis wachgerüttelt, versucht sie sich aus der materiellen Bindung wieder zu befreien und zu ihrem himmlischen Ursprung zurückzukehren. Die christlichen Gnostiker sehen in dieser Herabkunft des Sohnes ihren Herrn Jesus Christus, der die menschliche Seele an ihre wahre Heimat im Himmel bei Gott erinnert und dazu aufruft, die Seele aus dem Körper zu befreien. Dementsprechend findet sich in dieser Art von christlicher Gnosisliteratur auch ein gerüttelt Maß an Leibfeindlichkeit, die nicht selten in extrem strenger Askese ihren konkreten Ausdruck findet. Das Beharren auf der Einsicht als Heilsbedingung führt schließlich dazu, daß der Glaube als eine Art Vorstufe für noch nicht zur Einsicht Gelangte abgewertet und das Begreifen als höchste Stufe religiöser Erkenntnis hingestellt wird.

Als Fazit läßt sich nach all dem in diesem Kapitel Gesagten der Schluß ziehen, daß die Verkündigung des frühen Christentums politisch und konzeptionell eine Einbindung in ihre Zeit deutlich erkennen läßt. Sowohl das jüdische als auch das hellenistisch-griechische Denken passen gut zu dieser Art der Verkündigung. Diese Einsicht hat die Forschung immer wieder dazu gebracht anzunehmen, daß die Botschaft wenig originell sei und mehr oder weniger eine raffiniert angelegte Vermengung (Synkretismus) dieser zeittypischen Vorstellungen beinhalte. Neuere Forschungen kamen jedoch zu dem Schluß, daß oft vorschnell Parallelen gezogen oder Abhängigkeiten von anderen Vorstellungen vermutet wurden, die sich so nicht nachweisen lassen. Gerade die Analyse der Qumran-Texte hat deutlich gemacht, daß die Vorstellung eines Messias, der Wunder wirkt, am Kreuz stirbt und von Gott von den Toten auferweckt wird, so nirgends im Judentum der vorchristlichen Zeit zu finden ist. Schwieriger ist die Lage beim Vergleich des frühen Christentums mit den Mysterienreligionen, weil zwar die Verkündigung von Jesus Christus als »sôtêr« wesentlich historischer gefaßt ist als die Vegetationsmythen vom sterbenden und wiedererstehenden Gott in den Mysterienkulten, andererseits aber auch gilt, daß dort die Götter immer menschenähnlichere Züge tragen und somit dem christlichen »sôtêr« recht ähnlich sind.

Volksreligiöse Züge sind dem frühen Christentum sicher nicht fremd und machen es im hellenistisch-griechischen Milieu attraktiv, sie sind aber nur Beiwerk und stehen keineswegs im Zentrum der Verkündigung. Anders verhält es sich mit dem Bekenntnis zu Christus, dem »kyrios«, wodurch der Konflikt mit dem Herrscherkult vorprogrammiert ist, der mit allen bitteren Konsequenzen für die Christen auch durchgestanden wird. Hier macht das Christentum keine Kompromisse und ist zum Widerstand ohne Wenn und Aber bereit. In Fragen der Popularphilosophie sind Anlehnungen an die stoisch-kynischen Tugend- und Lasterkataloge erkennbar, ein Angebot im Stile epikureischer Erwartungen fehlt dagegen gänzlich. Dies legt den Schluß nahe, daß das frühe Christentum im allgemeinen sehr gezielt und wohlüberlegt entscheidet, was von den Zeitvorstellungen übernommen und was ausgeklammert wird. In einigen Fällen jedoch ist diese Entscheidung nicht eindeutig. Als deutlichstes Beispiel dafür sei hier der Umgang mit gnostischen Ideen genannt. Die Tatsache, daß es neben der hellenistisch-griechischen Gnosis eine speziell christliche Gnosis gegeben hat, beweist, daß hier die Trennungslinie nicht von allen Christen in gleicher Weise gezogen wurde. Der Streit über die Rolle der Erkenntnis im Verhältnis zum Glauben ist im Laufe der Geschichte des Christentums immer wieder ausgebrochen und hat zu Richtungskämpfen geführt, die zeigen, daß sich die Auseinandersetzung mit der Gnosis nicht auf die Zeit des frühen Christentums beschränkt, sondern durch die Jahrhunderte eine permanente Anfrage an die Interpretation des christlichen Glaubens geblieben ist.

4. Wirkungsgeschichte und Christologie

Die Geschichte des Christentums als der Verkündigung des am Kreuz gestorbenen und von Gott von den Toten erweckten, d. h. auferstandenen Jesus Christus beginnt nach all dem Gesagten erst nach dem Tod Jesu, also nach dem, was man verkürzt die Auferstehung bzw. das Osterereignis nennt. Dieses steht als Ausdruck dafür, daß mit dem Tod Jesu die jüdische Jesus-Bewegung nicht aufhört. In einer griffigen Formel des Exegeten Willi Marxsen heißt dies: Die Sache Jesu geht weiter. Diese Tatsache findet ihren Niederschlag in den Anfängen der Liturgiegeschichte, in der Ablösung vom Judentum und in der dogmatischen Entwicklung des Christentums. Sie prägt die unterschiedlichen Schwerpunkte in der Frömmigkeitsgeschichte des Christentums ebensosehr wie die Religionskritik in der Neuzeit und die interpretativen Neuansätze in der Gegenwart.

Die Anfänge der Liturgiegeschichte

Die Verkündigung des frühen Christentums geht von Anfang an vom Osterereignis aus und erweckt damit nicht einfach die jüdische Jesus-Bewegung zu neuem Leben, sondern ändert im Kern ihre Ausrichtung, indem sie Jesus selbst zum Gegenstand der Aussage macht. Die Fachsprache hat hierfür die Formel gefunden: der Übergang vom verkündigenden Jesus aus Nazareth zum verkündigten Christus des Glaubens. Davon zeugen alle uns erhaltenen Texte und Bilder des frühen Christentums. Der Blick auf die Anfänge der Liturgiegeschichte gewährt uns Einblick in das Gemeindeleben, er zeugt von der Hellenisierung der Erinnerung an Jesus und läßt frühdogmatische Ansätze in der Christologie des frühen Christentums erkennen.

Die Verkündigung des frühen Christentums beschränkt sich nicht auf Klarstellungen über Jesus, seinen Tod und seine Auferstehung, sondern wirkt von Anfang an gemeindebildend. Dies bezeugen – vielleicht mit Ausnahme der Evangelien – alle Schriften des Neuen Testamentes. Sie geben zudem Einblick in das Gemeindeleben. Als Eintritt in die Gemeinde gilt die Taufe, der nicht selten eine Vorbereitungsphase vorausgeht, die im Laufe der ersten Jahrhunderte immer länger ausgedehnt wurde. Die Taufe erfolgt nach Matthäus 28, 19 »im Namen des Vaters, des Sohnes und des Heiligen Geistes« und bedeutet, daß die Getauften ihre bisherige Lebensführung ändern und sich durch ihr Verhalten der Gnade Gottes würdig erweisen, was Paulus für die Gemeinde in Korinth so auslegt, daß die Gemeindemitglieder ihre Angelegenheiten unter sich ausmachen und nicht bei kleinsten Problemen kommunale (nichtchristliche) Richter einschalten sollen:

»Wagt es einer von euch, der mit einem anderen einen Rechtsstreit hat, vor das Gericht der Ungerechten zu gehen statt zu den Heiligen [Paulus vertritt – nach dem Kommentar in der sog. Bible de Jérusalem – die Auffassung, daß die Christen als Glieder Christi an dessen richterlicher Tätigkeit beim Endgericht teilhaben werden]? Wißt ihr denn nicht, daß die Heiligen die Welt richten werden? Und wenn durch euch die Welt gerichtet wird, seid ihr dann nicht zuständig, einen Rechtsstreit über Kleinigkeiten zu schlichten? Wißt ihr nicht, daß wir über Engel richten werden? Also erst recht über Alltägliches. Wie könnt ihr denn jene, die im Urteil der Gemeinde nichts gelten, als Richter einsetzen, wenn ihr einen Rechtsstreit über Alltägliches auszutragen habt? Ich sage das, damit ihr euch schämt. Gibt es denn unter euch wirklich keinen, der die

Gabe hat, zwischen Brüdern zu schlichten? Statt dessen zieht ein Bruder [ein Gemeindemitglied] den anderen vor Gericht, und zwar vor Ungläubige. Ist es nicht überhaupt schon ein Versagen, daß ihr miteinander Prozesse führt? Warum leidet ihr nicht lieber Unrecht? Warum laßt ihr euch nicht lieber ausrauben? Nein, ihr selber begeht Unrecht und Raub, und zwar an Brüdern. Wißt ihr denn nicht, daß Ungerechte das Reich Gottes nicht erben werden? Täuscht euch nicht! Weder Unzüchtige noch Götzendiener, weder Ehebrecher noch Lustknaben, noch Knabenschänder, noch Diebe, noch Habgierige, keine Trinker, keine Lästerer, keine Räuber werden das Reich Gottes erben. Und solche gab es unter euch. Aber ihr seid reingewaschen, seid geheiligt, seid gerecht geworden, im Namen Jesu Christi, des Herrn, und im Geist unseres Gottes.

[...] Gott hat den Herrn auferweckt; er wird durch seine Macht auch uns auferwecken. Wißt ihr nicht, daß eure Leiber Glieder Christi sind? Darf ich nun die Glieder Christi nehmen und zu Gliedern einer Dirne machen? Auf keinen Fall! [...] Oder wißt ihr nicht, daß euer Leib ein Tempel des Heiligen Geistes ist, der in euch wohnt, und den ihr von Gott habt? Ihr gehört nicht euch selbst; denn um einen teuren Preis seid ihr erkauft worden. Verherrlicht also Gott in eurem Leib!« (1. Korinther 6)

Der Brief des Apostels schärft folglich an dieser Stelle wie an anderen den Gemeindemitgliedern ein, wie ein Gott wohlgefälliges Leben auszusehen hat, welche Rolle jedem im Leben zukommt. Er spricht auch von der Abendmahlsfeier. Dieser Passus, der wohl älteste überlieferte Bericht aus dem frühen Christentum, nennt Mißstände, beschreibt den idealen Ablauf und erwähnt göttliche Bestrafungen für das Fehlverhalten:

»Das kann ich nicht loben, daß ihr nicht mehr zu eurem Nutzen, sondern zu eurem Schaden zusammenkommt. Zunächst höre ich, daß es Spaltungen unter euch gibt, wenn ihr als Gemeinde zusammenkommt; zum Teil glaube ich das auch. Denn es muß Parteiungen geben unter euch; nur so wird sichtbar, wer unter euch treu und zuverlässig ist. Was ihr bei euren Zusammenkünften tut, ist keine Feier des Herrenmahls mehr; denn jeder verzehrt sogleich seine eigenen Speisen, und dann hungert der eine, während der andere schon betrunken ist. Könnt ihr denn nicht zu Hause essen und trinken? Oder verachtet ihr die Kinder Gottes? Wollt ihr jene demütigen, die nichts haben? Was soll ich dazu sagen? Soll ich euch etwa loben? In diesem Fall kann ich euch nicht loben.

Denn ich habe vom Herrn empfangen, was ich euch dann überliefert habe: Jesus, der Herr, nahm in der Nacht, in der er ausgeliefert wurde, Brot, sprach das Dankgebet, brach das Brot und sagte: Das ist mein Leib für euch. Tut dies zu meinem Gedächtnis! Ebenso nahm er nach dem Mahl den Kelch und sprach: Dieser Kelch ist der *Neue Bund* in meinem Blut. Tut dies, sooft ihr daraus trinkt, zu meinem Gedächtnis!

Denn sooft ihr von diesem Brot eßt und aus dem Kelch trinkt, verkündet ihr den Tod des Herrn, bis er kommt. Wer also unwürdig von dem Brot ißt und aus dem Kelch trinkt, macht sich schuldig am Leib und am Blut des Herrn. Jeder soll sich selbst prüfen; erst dann soll er von dem Brot essen und aus dem Kelch trinken. Denn wer davon ißt und trinkt, ohne zu bedenken, daß es der Leib des Herrn ist, der zieht sich das Gericht zu, indem er ißt und trinkt. Deswegen sind unter euch viele schwach und krank, und nicht wenige sind schon entschlafen. Gingen wir mit uns selbst ins Gericht, dann würden wir nicht gerichtet. Doch wenn wir jetzt vom Herrn gerichtet werden, dann ist es eine Zurechtweisung, damit wir nicht zusammen mit der Welt verdammt werden. Wenn ihr also zum Mahl zusammenkommt, meine Brüder, wartet aufeinander! Wer Hunger hat, soll zu Hause essen, sonst wird euch die Zusammenkunft zum Gericht.« (1. Korinther 11, 17–34)

Der Text legt nahe, daß es Abendmahlsfeiern gegeben hat, wobei offen ist, ob diese wirklich abends stattgefunden haben. Sicher ist, daß es Feiern zum Gedächtnis an das letzte Mahl waren, das Jesus mit den Zwölf am Abend vor seiner Festnahme abgehalten hat. Alles, was dort geschah, wird zu seinem Gedächtnis wiederholt und als Verkündigung des Todes des Herrn gesehen, so daß die christlichen Gemeindemitglieder – vermutlich neben dem Synagogengottesdienst, den sie nach wie vor besucht haben dürften – eine religiöse Feier eigener, typisch christlicher Art hatten, die als Beginn einer Loslösungstendenz vom Judentum verstanden werden kann, die erst später wirklich zum Tragen gekommen ist. Der Text spricht darüber hinaus davon, daß Mißstände bei der Durchführung dieses Mahles zu verzeichnen waren, weil es zwar einen wohl für alle gleichen Teil des Mahls zum Gedächtnis an Jesu Tod gab, dieser aber – wie schon bei Jesus selbst – umrahmt war von einem normalen Essen, bei dem alle Gemeindemitglieder ihre eigenen Sachen verzehrten und dadurch deutliche finanzielle Unterschiede zwischen ihnen zum Vorschein kamen, so daß Paulus nur noch einen Lösungsweg sah: Das Essen sollte von der eigentlichen Abendmahlsfeier abgekoppelt werden. Während die Mahlzeiten in die Privatwohnungen der Gemeindemitglieder verlegt werden sollten, wurde in der Gemeinde nur noch das eigentliche Abendmahl ohne Essen abgehalten. Wir erkennen darin den Beginn der heutigen Abendmahls- bzw. Meßfeier der christlichen Kirchen.

Schließlich werden die angeprangerten Mißstände als Grund dafür gewertet, daß Gemeindemitglieder schwach und krank geworden sind, ja verstorben sind. Dahinter steht die aus dem Römerbrief (vgl. den Abschnitt »Die Paulinischen Briefe«) bekannte Vorstellung, daß durch Jesus Christus die Folgen der Sünde Adams beseitigt sind, Krankheit und Tod also aufgehoben sind. Der Eintritt von Krankheit und Tod unter Gemeindemitgliedern muß daher eine Fortsetzung der sündigen Verhaltensweise der Menschen bedeuten. Er deutet zugleich an, daß nicht alle die Wiederkunft Christi zu ihren Lebzeiten erleben, und führt diesen Umstand an dieser Stelle noch auf die Sünden der Verstorbenen zurück. Später wird es notwendig, diese Idee einer baldigen Wiederkehr Jesu (griech.: parousía) aufzugeben und sich auf die »Parusieverzögerung«, die bekanntlich bis heute anhält, einzustellen.

Der Text sagt noch nichts über die konkrete Gemeindestruktur aus. Diesbezüglich sind andere Schriften des Neuen Testamentes deutlicher. Hinzu kommen andere frühchristliche Schriften, die erkennen lassen, daß es zumindest in späterer Zeit deutlich erkennbare und durch Über- und Unterordnung gekennzeichnete Funktionen in diesen Gemeinden und zwischen den Gemeinden gegeben hat, die man heute gerne »hierarchisch« nennt. Die wissenschaftliche Diskussion wird darüber geführt, ob es anfangs überhaupt so etwas wie demokratisch organisierte Gemeinden gegeben hat und, falls dies zutrifft, wie es dann zur Hierarchisierung von Funktionen und schließlich zu einer eindeutig hierarchisch organisierten Kirchenstruktur gekommen ist.

Die Hellenisierung der frühchristlichen Verkündigung ist im Neuen Testament selbst – wie gezeigt wurde (vgl. den Abschnitt »Die griechisch-hellenistischen Vorstellungen) – angelegt. Sie ist in der Folgezeit weiter vorangeschritten. Drei Beispielbereiche sollen dies belegen: die bildlichen Darstellungen, das Geburtsfest Jesu und die Gottesdienstform. Ausgeklammert bleibt hier noch die frühchristliche dogmatische Entwicklung.

Die ersten bildlichen Darstellungen sind entweder Symbole oder Abbildungen des Jesuskindes auf dem Arm seiner Mutter und die Darstellung des guten Hirten, in Anlehnung an die entsprechenden Gleichnisse aus dem Evangelium nach Johannes (10, 1–10.11–18). Später kommt das Bild des Allherrschers (»Pantokrator«) hinzu. Stellvertretend für die Symbole sei hier auf den Fisch verwiesen, der mit sehr unterschiedlicher Symbolkraft im hellenistisch-griechischen Bereich Verwendung findet und in christlichen Kreisen als Akrostichon, d.h. Abkürzung mit einem Wortsinn, für die griechische Bekenntnisformel: Iêsous Christos Theou HYios Sôtêr (d.i. Jesus Christus, Gottes Sohn, Heiland; nach einigen Handschriften in Apostelgeschichte 8, 37 belegt) = ICHTHYS (d.i. Fisch) steht. Auch für die bildlichen Darstellungen gibt es nichtchristliche Vorbilder. Der Bezug darauf kann aus zwei Gründen geschehen sein:

Zum einen gibt es keine christliche Überlieferung über das tatsächliche Aussehen des historischen Jesus. Dies ist etwas merkwürdig, wenn man bedenkt, wie sehr gerade die römisch-griechische Welt durch Totenmasken und Standbilder darum bemüht war, wichtige Persönlichkeiten auch optisch darzustellen und auf diese Weise ihr Andenken für die Nachwelt zu erhalten. Bei Jesus ist das nicht der Fall, so daß, würde er – rein hypothetisch gesprochen – heute kommen und unter uns leben, niemand mit Sicherheit sagen könnte: er sieht aus, wie Jesus ausgesehen hat. Spätere Zeiten des Christentums sahen in diesem merkwürdigen Umstand de facto eine Einhaltung des alttestamentlichen Verbotes, sich von Gott ein Bild zu machen (2. Mose 20, 4; 5. Mose 5, 8). Zum anderen griff man auf Vorbilder aus der Umwelt zurück.

Als Vorbild diente im ägyptischen wie im vorderorientalischen Bereich recht schnell die Muttergöttin Isis, Artemis oder Kybele der Mysterienreligionen, die ihren – meist jungfräulich empfangenen – Sohn auf dem Arm hielt. Auf diese Weise wurden Marienstatuen angefertigt, die ihren hellenistischen Vorbildern so sehr ähnelten, daß heutige Betrachter der hellenistischen Göttinnendarstellungen spontan und zuerst an Mariendarstellungen denken, bevor sie erkennen, daß es sich im konkreten Falle vielleicht um hellenistische Göttinnen handelt. Diese Vorbildfunktion der hellenistischen Göttinnen für den Marienkult ist im übrigen nicht auf die Darstellungen beschränkt geblieben, sie findet sich auch in den Titulaturen wieder, wenn Maria »Himmelskönigin« (»Regina Coeli«) oder »Meerstern« (»Stella Maris«) genannt wird. Möglicherweise gehört hierher auch die Bezeichnung »Jungfrau« (lat.: »virgo«, griech. »parthenos«; vgl. oben die Abschnitte »Jahr und Ort der Geburt« und »Jesu öffentliches Wirken«), ohne daß damit im Augenblick eine Vorentscheidung über den dogmatischen Gehalt dieser Aussage verknüpft werden soll. Die Mariendarstellungen mit dem Jesuskind hatten somit einen eindeutigen »Sitz im Leben« dieser Gemeinden, die aufgrund der erwähnten Göttinnenkulte mit solchen Darstellungen bestens vertraut waren. Das gleiche trifft wohl im römischen Bereich auch für die Jesus-Darstellung als guter Hirte zu, bei der man an Vorstellungen des Götterboten Hermes, Sohn von Zeus und Maja, anknüpfen und die man mit dem Bußengel, der als Hirte im *Hirten des Hermes*, einer apokryphen Apokalypse, auftritt, in Verbindung bringen konnte. Auch der Pantokrator ist zunächst im Kaiserkult beheimatet und erst später auf Jesus übertragen worden.

Das Geburtsfest Jesu tritt recht bald neben das Osterfest (jüdisch: Passah), das wie das Pfingstfest (jüdisch: Schawuot = Wochenfest) dem jüdischen Kalender folgt, wenn dies auch heute nicht bedeutet, daß die Festtage auf dasselbe Datum fallen. Nach allem, was man heute weiß, ist das erste Geburtsfest als Epiphaniefest in der Nacht vom 5./6. Januar von Christen in Alexandria gefeiert worden. Dies ist religionsgeschichtlich beachtenswert: Bezeichnung, Zeit und Ort dieses Festes entsprechen nämlich genau der Feier der Geburt des ägyptischen Gottes Aion in Alexandria, dessen Erscheinen (griech.: epiphanía) während der Feier des Aionsfestes mit den Worten angekündigt wurde: »Erschienen (griech.: ep'ephanê) ist das Licht, heute hat die Jungfrau (Korê) den Aion geboren!« Die Christen wählten somit den Namen und das Datum für die Erinnerung an die Geburt Jesu, jenes Heilandes, dem die Fremden (Sterndeuter, Magier, Weise) huldigten und der dank der Flucht nach Ägypten von dem Mordbefehl des Herodes verschont geblieben ist. Man kann sich gut vorstellen, wie die Lektüre der Geburtserzählung im Evangelium nach Matthäus in diesem ägyptischen Umfeld von Alexandria gewirkt haben muß. Die Feier des anderen Geburtsfestes Jesu in der Nacht vom 24./25. Dezember erfolgt dagegen erst sehr viel später. Sie beginnt im ausgehenden 4. Jahrhundert in Rom und entspricht datumsmäßig dem römischen Fest der Geburt des unbesiegten Sonnengottes (Natalis Solis Invicti). Auf diese Weise tritt nun, als das Christentum Staatsreligion geworden ist, ein christliches Geburtsfest neben das römische Geburtsfest des Sonnengottes und verdrängt recht bald den nichtchristlichen Vorgänger. Bis heute hat die Ostkirche die Einführung dieses Festes nicht übernommen, sondern feiert nach wie vor an Epiphanie ihr Weihnachtsfest. Das westliche Christentum hat das Problem zweier Weihnachtsfeste dahingehend gelöst, daß es das Dezemberfest als eigentliches Geburtsfest in den Festkalender aufgenommen und dafür die Geburtsgeschichte aus dem Evangelium nach Lukas gewählt hat. Das ursprüngliche Geburtsfest wurde zum Epiphaniefest. An diesem Tage wird der Ankunft der Weisen aus dem Orient gedacht. Wegen der drei Geschenke (Gold, Weihrauch, Myrrhe), die diese mitgebracht hatten, wurde es dann zum Dreikönigsfest, wobei unterstellt wurde, daß es sich bei diesen Weisen um Könige gehandelt habe.

Die Gottesdienstform paßte ihrerseits viele Ausdrucksformen hellenistisch-römischen Vorbildern an. Ganz deutlich läßt sich dies ab dem Ende des 4. Jahrhunderts, in Anfängen aber auch schon vorher zeigen. Formeln aus dem Kaiserkult wurden übernommen. Dazu gehört der bis heute bekannte und im Gebrauch befindliche Huldigungsruf »Kyrie eleison«, d.i. »Herr erbarme dich«. Darunter fallen auch die Art, wie Gebete für den gottesdienstlichen Gebrauch verfaßt wurden, die Gebetshaltung mit erhobenen Händen, die sog. Orantehaltung, und nicht zuletzt die Gewänder, die beim Gottesdienst getragen wurden. Nach dem Untergang des weströmischen Reiches (430 nach unserer Zeitrechnung) übernahm dann der Bischof von Rom (Papst) den Titel »Pontifex Maximus«, einen Titel, den der römische Kaiser als oberster Priester der römischen Religion seinem Namen hinzugesetzt und der nach der Übernahme dieses Titels durch den Papst dazu geführt hat, daß man bis heute vom »Pontifikat« eines Papstes als Bezeichnung für seine Regierungszeit spricht. Wie die Gewänder des Papstes dem Vorbild des römischen Kaisers folgten, trugen die Bischöfe Kleider, die der Amtstracht hoher Staatsbeamter nachgebildet waren. Der Gottesdienst selbst fand in der Basilika statt, in deren Apsis der Bischof Platz nahm, so wie in ihrem römischen Vorbild, der kaiserlichen Audienzhalle (daher der Name: Basilika = Königshalle), der Kaiser saß.

Frühdogmatische Ansätze in der Christologie sind bereits in den ältesten Schriften des Neuen Testamentes zu finden. Die bekannteste Aussage ist diesbezüglich der oben zitierte Hymnus im Philipperbrief (vgl. den Abschnitt »Die Paulinischen Briefe«). Unmißverständlich wird hier von einer Gottgleichheit für Jesus ausgegangen und gesagt, daß er sich entäußerte (wörtlich: entleerte, griech.: ekénosen), die Gestalt eines Sklaven annahm und den Menschen gleich geworden ist. Die Stelle beinhaltet folglich ein Bekenntnis zur Gottheit Jesu, die seiner historischen Existenz vorausging und damit jener Präexistenzvorstellung entspricht, die im Evangelium nach Johannes in bezug auf den »lógos« formuliert ist. Dies ist insofern bezeichnend, als die Forschung noch vor einigen Jahrzehnten von einer christologischen Lehrentwicklung innerhalb des frühen Christentums ausgegangen ist, der zufolge die Besonderheit Jesu immer weiter zurückdatiert wurde. Danach wäre eine erste Stufe die der Erhöhung des Erweckten durch Gott gewesen, später dann die Vorstellung aufgekommen, daß vielleicht schon bei der Taufe Jesu durch Johannes im Jordan eine besondere Auszeichnung durch Gott (vgl. das entsprechende Szenario im Evangelium nach Markus) erfolgt sei, die in den Evangelien nach

Matthäus und Lukas bereits in die Zeit der Geburt (Stichwort: Jungfrauengeburt) vorverlegt worden und schließlich im Evangelium nach Johannes präexistent geworden wäre. Eine solch kontinuierliche Rückdatierungsthese ist wohl historisch nicht zu halten. Vielmehr ist nach dem gegenwärtigen Stand der Forschung davon auszugehen, daß von den frühesten uns greifbaren Zeiten an mehrere Christus-Bilder im Umlauf waren, unter denen das vom leidenden Gottesknecht ebenso gewesen ist wie das von einem gottgleichen Jesus. Letzteres findet möglicherweise auch Ausdruck in der Tauformel »im Namen des Vaters, des Sohnes und des Heiligen Geistes« und schlägt sich in der Wahrnehmung von Plinius dem Jüngeren am Ende des 1. Jahrhunderts nieder, wenn er schreibt, die Christen würden Christus wie einen Gott besingen (vgl. den Abschnitt »Die historische Existenz Jesu«). Die Verehrung eines gottähnlichen Jesus trug sicherlich mit dazu bei, daß die Distanz der Jesus-Jünger zum Judentum ihrer Zeit rasch zunahm und schließlich zu einer Loslösung von ihm führte.

Die Ablösung vom Judentum

Die Ablösung des frühen Christentums vom Judentum vollzog sich langsam, aber stetig. Für diesen Prozeß waren mehrere Komponenten ausschlaggebend: politische, missionsstrategische und dogmatische.

Die politische Situation war für die junge Christengemeinde nicht günstig, weil ihre Mitglieder immer wieder von den Juden verfolgt und der Häresie angeklagt wurden. Zudem hatte sich in den Jahrzehnten nach dem Osterereignis auch die politische Gesamtsituation im jüdischen Gebiet des römischen Reiches sehr verändert, weil die Juden nach Selbständigkeit strebten und im

Kampf dafür auch den Krieg mit den Römern nicht scheuten. Die Folge davon waren die Zerstörung des Tempels im Jahre 70 nach unserer Zeitrechnung und eine systematische Vertreibung der Juden aus der Region in den folgenden Jahrzehnten. Der Wegfall des Tempels bedeutete für die jüdische Religion eine grundsätzliche Neuorientierung, bei der man sich der Form des Judentums erinnerte, die sich bereits während des sog. babylonischen Exils herausgebildet hatte. Alles spricht dafür, daß ab dieser Zeit die meisten vom Judentum zum Christentum übergetretenen Gläubigen nicht mehr am samstäglichen Synagogengottesdienst teilgenommen, sondern die wesentlichen Teile dieses Gottesdienstablaufes (Gebete, Lesungen aus der Heiligen Schrift, Predigt, Lobgesang Gottes) in ihre Abendmahlsfeiern integriert haben, so daß allmählich jener Aufbau des Gottesdienstes, bestehend aus Wortgottesdienst und Abendmahlsfeier, entstanden ist, der bis heute für die Messe im orthodoxen und im katholischen Christentum kennzeichnend ist.

Die hier beschriebene Ablösung beinhaltet eine Tatsache, die nur den wenigsten Christen heute bewußt ist. Die ersten Christen haben sich offensichtlich noch lange Zeit hindurch in der Weise als Juden gefühlt und verhalten, daß sie regelmäßig am Samstag (Sabbat), wie gute Juden es zu tun pflegen, am Synagogengottesdienst teilgenommen haben. Zudem waren sie beschnitten und haben sich auch an das jüdische Religionsgesetz gehalten.

Der zuletzt genannte Umstand spielt missionsstrategisch in einer zweiten Etappe der Diskussion über die Aufnahme von Nichtjuden in die Christengemeinde eine wichtige Rolle. Die erste Etappe der Diskussion drehte sich um die Frage, ob Nichtjuden überhaupt aufgenommen werden können und sollen. Anlaß dafür war die diesbezüglich wohl negative Haltung des historischen Jesus, der sich – wenn nicht alles trügt – ausschließlich als zu den Juden gesandt verstanden und eine Ausweitung seiner Sendung auf andere Völker wohl abgelehnt hat. Diese Position schimmert durch, wenn berichtet wird, daß sich Jesus zunächst einmal geweigert hat, eine kanaanäische Frau von ihrer Krankheit zu heilen, und dafür als Begründung genannt hat: »Ich bin nur zu den verlorenen Schafen des Hauses Israel gesandt.« (Matthäus 15, 24) Daß er sich schließlich dennoch dazu bereit erklärt haben soll, spiegelt wohl eine Umorientierung im frühen Christentum wider, die als Ergebnis von Auseinandersetzungen um diese Frage angesehen werden kann (vgl. dazu Apostelgeschichte 10). Deshalb ist folgerichtig zu vermuten, daß auch der universale Taufbefehl (Matthäus 28, 19f.) dem auferstandenen Jesus erst nach dieser Entscheidung in den Mund gelegt worden ist.

Die zweite Etappe der Diskussion nun geht um die Frage, ob die Nichtjuden, die sog. Heiden, wenn sie zum Christentum übertreten, sich beschneiden lassen müssen und zur Einhaltung des jüdischen Religionsgesetzes verpflichtet werden sollen oder nicht. Die Apostelgeschichte (Kapitel 15) läßt erahnen, vor welcher Zerreißprobe das frühe Christentum durch diese Frage gestanden und welche Aufregung es diesbezüglich gegeben hat. Es war in der Tat eine religionspolitisch grundlegende Frage, von deren Entscheidung das ganze Konzept des Selbstverständnisses dieser Christus-Gläubigen abhing. Stark war die Gruppe der jüdisch orientierten Gemeindevorsteher, massiven Widerstand leistete dagegen Paulus mit seinen Getreuen. Die einzige Lösung bestand in einer Versammlung aller Apostel und Ältesten, um hier die notwendige Grundsatzentscheidung zu fällen. Der Bericht der Apostelgeschichte spricht auch bei dieser Versammlung von einem heftigen Streit, in dem Petrus die Position des Paulus unterstützt. Aus dem Brief des Paulus an die Galater wissen wir, daß dieser Eindeutigkeit auf seiten des Petrus ihrerseits eine heftige Auseinandersetzung zwischen Paulus und Petrus vorausgegangen ist, die Paulus wie folgt beschreibt:

»Als Kephas [d.i. Petrus] aber nach Antiochia gekommen war, bin ich ihm offen entgegengetreten, weil er sich ins Unrecht gesetzt hatte. Bevor nämlich Leute aus dem Kreis um Jakobus [gemeint ist der Apostel Jakobus, der als Wortführer der Gegenfraktion galt] eintrafen, pflegte er zusammen mit den Heiden zu essen. Nach ihrer Ankunft aber zog er sich von den Heiden zurück und trennte sich von ihnen, weil er die Beschnittenen fürchtete. Ebenso unaufrichtig wie er verhielten sich die anderen Juden, so daß auch Barnabas durch ihre Heuchelei verführt wurde. Als ich aber sah, daß sie von der Wahrheit des Evangeliums abwichen, sagte ich zu Kephas in Gegenwart aller: Wenn du als Jude nach Art der Heiden und nicht nach Art der Juden lebst, wie kannst du dann die Heiden zwingen, wie Juden zu leben? Wir sind zwar von Geburt Juden und nicht Sünder wie die Heiden. Weil wir aber erkannt haben, daß der Mensch nicht durch Werke des Gesetzes gerecht wird, sondern durch den Glauben an Jesus Christus, sind auch wir dazu gekommen, an Christus Jesus zu glauben, damit wir gerecht werden durch den Glauben an Christus und nicht durch Werke des Gesetzes [...].« (Galater 2, 11–16)

Petrus hat nach dieser Auseinandersetzung offenbar die Paulinische Position für sich selbst übernommen und in diesem Sinne auf der Versammlung in Jerusalem, dem sog. Apostelkonzil, das um das Jahr 50 nach unserer Zeitrechnung datiert wird, das Wort ergriffen und gesagt:

»Brüder, wie ihr wißt, hat Gott schon längst hier bei euch die Entscheidung getroffen, daß die Heiden durch meinen Mund das Wort des Evangeliums hören und zum Glauben gelangen sollen. Und Gott, der die Herzen kennt, bestätigte dies, indem er ihnen ebenso wie uns den Heiligen Geist gab. Er machte keinerlei Unterschied zwischen uns und ihnen, denn er hat ihre Herzen durch den Glauben gereinigt. Warum stellt ihr also jetzt Gott auf die Probe und legt den Jüngern ein Joch auf den Nacken, das weder unsere Väter noch wir tragen konnten? Wir glauben im Gegenteil, durch die Gnade Jesu, des Herrn, gerettet zu werden, auf die gleiche Weise wie jene.« (Apostelgeschichte 15, 7–11)

Die Versammlung reagierte darauf mit Schweigen und fällte schließlich die Entscheidung zugunsten der Paulinischen Position. Sie lautete: »[...] der Heilige Geist und wir haben beschlossen, euch keine weitere Last aufzuerlegen als diese notwendigen Dinge: Götzenopferfleisch, Blut, Ersticktes und Unzucht zu meiden. Wenn ihr euch davor hütet, handelt ihr richtig.« (Apostelgeschichte 15, 28 f.) Damit war konzeptionell die Trennung vom Judentum – zumindest für einen Teil der Christen – vollzogen. Dies wiegt um so schwerer, als die jüdische Religion – wie man heute gerne sagt – eher eine Orthopraxie, d.h. ein richtiges Tun, als eine Orthodoxie, d.h. der richtige Glaube, ist. Genau im Bereich der Orthopraxie aber wurde nun die Entscheidung gefällt. Diese mußte bei einem zahlenmäßig immer stärkeren Anwachsen der sog. Heidenchristen dazu führen, daß das Christentum sich zu einer eigenständigen Weltreligion entwickelte, die zwar noch jüdische Wurzeln hatte, aber nicht mehr als Gruppierung innerhalb des Judentums gelten konnte.

Die Entscheidung des Apostelkonzils trug sicherlich auch mit dazu bei, daß immer mehr Menschen aus hellenistisch-griechischem Milieu sich dem Christentum anschlossen, zumal die Mission der Apostel rein geographisch (nach Kleinasien, Griechenland, Rom und Spanien) vornehmlich in dieses Milieu getragen wurde. Andere Gegenden mit jüdischen Siedlungen wie etwa das Zweistromland wurden nicht einbezogen, obwohl es in Babylon eine nicht unbedeutende jüdische Gemeinde gegeben hatte. Der Übertritt zum Christentum erfolgte also nicht durch Beschneidung und Einhaltung des jüdischen Religionsgesetzes, sondern durch die Taufe auf der Basis eines Glaubensbekenntnisses. Die damit verbundenen Regeln für die Lebensführung waren wenige und entsprachen den sittlichen Grundsätzen der Moralvorstellungen, wie sie sich etwa in der Popularphilosophie ausdrückten (vgl. den Abschnitt »Die Popularphilosophie«).

Das Glaubensbekenntnis bedeutet dogmatisch eine Aussage über Jesus, die in einer Art Kurzformel gefaßt war, deren älteste Version wohl die vom »Knecht Gottes« (vgl. Apostelgeschichte 3, 13.26; 4, 27.30) gewesen ist. Im judenchristlichen Milieu erinnerte diese Aussage sofort an den »Knecht Gottes« (hebr.: 'ebed Yahve) des Propheten Jesaja aus der Hebräischen Bibel, dessen Leid und Tod als Versöhnung für die Sünden der Menschen (vgl. Jesaja 53, 11f.) in christlichen Kreisen zum Vorbild für das Leiden und den Kreuzestod Jesu geworden sind. Im griechisch-hellenistischen Milieu war diese Aussage bei weitem weniger eindeutig. Die griechische Rede vom »pais theou« (d.h. Knecht/Kind Gottes), wie sie die Apostelgeschichte überliefert, konnte zu Mißverständnissen bei Menschen führen, die gewohnt waren zu denken, daß Götter Kinder haben, und somit diese Aussage polytheistisch im Sinne des griechischen Götterhimmels mißverstehen konnten. Deshalb ist diese Aussage vermutlich recht bald fallengelassen und anders als der zum Eigennamen gewordene Messiastitel (d.h. Christus) nicht mehr weiter tradiert worden. Die erfolgreicheren Hoheitstitel dieser frühen Christusbekenntnisse wie »sôtêr« (Heiland, Erlöser, Retter) und »kyrios« sind bereits ausführlich besprochen worden (vgl. die Abschnitte »Die Mysterienreligionen« und »Der Herrscherkult«).

Die dogmatischen Aussagen tragen zusammen mit den politischen Entwicklungen und den missionsstrategischen Entscheidungen des frühen Christentums zu einer Ablösung vom Judentum bei und bewirken, daß sich das Christentum spätestens im Laufe des 2. Jahrhunderts nach unserer Zeitrechnung als eigene Religion im Römischen Reich etabliert und von da an eine Expansion entfaltet hat, die es bald zu einer *Welt*religion werden ließ.

Die dogmatische Entwicklung des Christentums

Die bisherigen Ausführungen haben gezeigt, daß die dogmatische Entwicklung zum christologischen Bekenntnis schon sehr früh nachzuweisen ist, weshalb es zu einfach wäre, diese auf eine erst später erfolgte Trennung zwischen Juden- und Heidenchristen zu schieben und dabei die erste Gruppe mit dem Bekenntnis zu Jesus als Gottes Knecht, Gottes Christus und als Gottes Auserwähltem und die zweite mit dem Bekenntnis zum Gottessohn gleichzusetzen, wie dies Hans Küng tut, wenn er schreibt:

»Es war ein Verhängnis sondergleichen, daß die werdende Kirche, vor allem nach der völligen Zerstörung Jerusalems unter Kaiser Hadrian im Jahre 132 und der Flucht aller Judenchristen nach Osten, fast völlig von ihrem jüdischen Mutterboden losgelöst wurde: Die Kirche aus *Juden*, die zu einer Kirche aus Juden und Heiden geworden war, wurde jetzt zu einer Kirche aus (hellenistischen) *Heiden*. Die wenigen *Judenchristen*, die die Entwicklung der hellenistischen Kirche und ihrer immer mehr überhöhten Christologie nicht mitmachten, wurden *als Häretiker abgestempelt*, wie etwa die Ebioniten, die nach dem Kirchengeschichtler Eusebios die Jungfrauengeburt Jesu annahmen, aber seine ewige Präexistenz ablehnten. Ganz wie – der Koran!«[6]

Sicher ist – und soweit hat Küng recht –, daß ab der Mitte des 2. Jahrhunderts nach unserer Zeitrechnung innerhalb des Christentums die griechische Philosophie in zunehmendem Maße herangezogen wurde, um die Glaubensaussagen zu erläutern. Einer der ersten, die solches unternahmen, ist der Philosoph Justinus der Märtyrer, der um 165 seines christlichen Glaubens wegen den Tod erlitten hat. In seinen Schriften – soweit sie bis heute erhalten sind – ist nachlesbar, daß für ihn Gott, der Vater von allem, in den Bereichen über dem Himmel wohnt, seinen Platz nicht verlassen und folglich nicht in der Welt erscheinen kann. Dies ist allein dem »Lógos«-Sohn vorbehalten, der zum Zwecke der Weltschöpfung und Weltregierung nach außen hin selbständig, d.h. als göttliche, dem Vater untergeordnete Person tätig wird. Dieser göttliche »lógos« ist in Christus in seiner ganzen Fülle erschienen. Jeder Mensch aber besitzt in seiner Vernunft einen Keim (griech.: sperma) des »lógos«. Dieser Anteil am »lógos« und damit die Befähigung für die Wahrheit war aber in einigen Menschen besonders groß. Justin wählt als Beispiele dafür die jüdischen Propheten und die griechischen Philosophen Heraklit und Sokrates, so daß er mittels dieser Lehre vom keimhaft vorhandenen »lógos« (griech.: lógos spermatikós) eine Brücke zwischen der antiken griechischen Philosophie und dem Christentum schlug und behaupten konnte, daß die Philosophen, sofern sie nach der Vernunft gelehrt und gelebt haben, in gewissem Sinne schon vor Christus Christen waren, die Christen aber nach dem Erscheinen Christi über die ganze und ungetrübte Wahrheit verfügen.

Der von Justinus beschrittene Weg wurde sehr rasch von anderen weiterverfolgt und führte dazu, daß auf diese Weise immer mehr griechisch-philosophisches Gedankengut ins Christentum Einzug hielt. Vor allem die Philosophie des vorchristlichen Plato wurde gerne aufgegriffen und mit christlichen Überlegungen verknüpft. Philosophen traten zum Christentum über, und das antike Bildungsgut wurde christlich aufgearbeitet und weitergeführt. Es nimmt von daher nicht wunder, daß die griechische Philosophie als Hilfsmittel zur Erläuterung der Glaubensaussagen eingesetzt wurde. Dies gilt vornehmlich für die Christologie und mit ihr verbunden für die Theologie.

Die Lehre von Christus als dem fleischgewordenen »lógos« – wie sie im Evangelium nach Johannes grundgelegt ist (1, 1–14) – und die Taufe »im Namen des Vaters, des Sohnes und des Heiligen Geistes« (Matthäus 28, 19) werfen das Problem auf, wie all dies mit dem Bekenntnis, daß es nur einen einzigen Gott gibt (Monotheismus), in Einklang zu bringen ist. Wer dies vernünftig erläutern und in ein System bringen will, steht vor nahezu unlösbaren Schwierigkeiten. Auf diese Weise besteht für die christliche Philosophie durch alle Jahrhunderte hindurch eine geistige Herausforderung, die ohne Pendant in anderen Philosophien – vom Buddhismus einmal abgesehen – ist und geistige Höhenflüge bewirkt, die die christlich-abendländische Philosophie sicherlich auf manche Abwege führen, insgesamt aber zu denkerischen Höchstleistungen anspornen, die sich in anderen Kulturkreisen in dieser Form nicht finden. Dies besagt im Klartext, daß die von Küng monierte Entwicklung der hellenistischen Kirche und ihrer immer mehr überhöhten Christologie nicht primär der Verselbständigungseffekt philosophischer Spekulation war – obwohl es auch dies in späteren Zeiten gab –, sondern vor allem die Antwort auf die hier angesprochene geistige Herausforderung, die aus der Praxis des Glaubens, noch vor aller Reflexion, erwächst.

Die Ergebnisse dieses ersten denkerischen Bemühens, die scheinbar widersprüchlichen Tatbestände systematisch in eins zu denken, spiegeln sich in verschiedenen Dokumenten aus den ersten Jahrhunderten wider, von denen im folgenden hier die wichtigsten – die Glaubensbekenntnisse von Nizäa (325), Konstantinopel (381), Ephesus (431) und Chalzedon (451) – zitiert werden. Damit deren Verknüpfung mit den Glaubensvorgaben deutlich wird, beginnt die Reihe der Zitate mit zwei anderen, früher liegenden Glaubensbekenntnissen, in denen der philosophische Erläuterungsrahmen noch nicht verwendet wird.[7]

Eines der ersten historisch überlieferten Glaubensbekenntnisse findet sich in der um 215 nach unserer Zeitrechnung entstanden *Apostolischen Überlieferung* des in Rom als Presbyter wirkenden, griechisch schreibenden Hippolyt. Dort heißt es:

»Glaubst du an Gott, den allmächtigen Vater?

Glaubst du an Jesus Christus, den Sohn Gottes, der durch den Heiligen Geist aus Maria, der Jungfrau geboren wurde, der gestorben ist und begraben wurde und der dann von den Toten wieder zum Leben auferstand am dritten Tage, der in den Himmel aufgefahren ist und zur Rechten des Vaters sitzt und kommen wird, Gericht zu halten über die Lebenden und die Toten?

Glaubst du an den heiligen Geist, an die heilige Kirche und an die Auferstehung des Fleisches?«

Diese dreifache Befragung enthält alle Elemente, die später zum Zwecke einer systematischen Einheitsschau philosophisch diskutiert wurden: den Monotheismus, das Bekenntnis zu Jesus Christus und die drei Gestalten (Vater, Sohn und Heiliger Geist). Sie scheint die wohl in Rom übliche Form des Glaubensbekenntnisses gewesen zu sein, wie auch das folgende Credo (von lateinisch: Credo = Ich glaube; heute oft als Fachausdruck für Glaubensbekenntnis benutzt) beweist:

»Ich glaube an Gott (den Vater), den Allmächtigen, – und an Jesus Christus, seinen einzigen Sohn, unsern Herrn, der aus dem heiligen Geist und der Jungfrau Maria geboren wurde, der am dritten Tage von den Toten auferstanden und in den Himmel aufgefahren ist, der zur Rechten des Vaters sitzt, von wo er kommen wird, um Gericht zu halten über Lebende und Tote, – und an den Heiligen Geist, die heilige Kirche, die Vergebung der Sünden, die Auferstehung des Fleisches und das ewige Leben.«

Das Glaubensbekenntnis von Nizäa faßt nun diese Aussagen präziser und wehrt damit zugleich bestimmte Interpretationen als Irrlehren ab, die damals im Umlauf und Anlaß für Streit unter den Christen waren. Es lautet:

»Wir glauben an den einen Gott, den allmächtigen Vater, Schöpfer aller sichtbaren und unsichtbaren Dinge, und an den einen Herrn Jesus

Christus, den Sohn Gottes, als Einziggeborenen gezeugt vom Vater, das heißt aus der Wesenheit des Vaters, Gott von Gott, Licht vom Lichte, wahrer Gott vom wahren Gott, gezeugt nicht geschaffen, wesenseins mit dem Vater, durch den alles geworden ist, was im Himmel und was auf Erden ist, der um uns Menschen und um unseres Heils willen herabgestiegen und Fleisch und Mensch geworden ist, gelitten hat und am dritten Tage auferstanden ist, aufgestiegen zu den Himmeln und kommen wird, zu richten, die Lebenden und die Toten. Und an den Heiligen Geist.«

Der griechische Originaltext ist in seinem Wortgebrauch höchst aufschlußreich für die Glaubensvorstellungen der Mehrheit in der von Kaiser Konstantin nach Nizäa (Kleinasien, heutige Türkei) einberufenen Bischofsversammlung (Konzil). Es ist die Rede vom Glauben an einen Gott (griech.: heis hena theon) und damit von einem monotheistischen Bekenntnis. Diesen Gott, präzisiert der Text, bekennen die Konzilsväter (d.h. die bei dieser Kirchenversammlung anwesenden Bischöfe) als »Allmächtigen Vater« (griech.: patéra pantokrátora). Nirgends in der Hebräischen Bibel wird von Gott gesagt, er sei allmächtig. In diesem Glaubensbekenntnis wird diese Eigenschaft dem zugeschrieben, der des weiteren als »Schöpfer (wörtlich: Macher, poiêtên) aller sichtbaren und unsichtbaren [Dinge]« beschrieben wird. Auf dieses Bekenntnis zum »einen Gott« folgt das »zum einen Herrn (griech.: heis hena kyrion) Jesus Christus, dem Sohn Gottes (griech.: ton hyion tou theou)«, aus demselben Wesen (griech.: ousía) wie der Vater, gezeugt (griech.: gennêthenta), nicht geschaffen (griech.: poiêthenta), eines Wesens mit dem Vater (griech.: homooúsion tô patrí). Damit ist das Wort gefallen, um das der Streit vor allem ging: homooúsios = wesensgleich, wofür die Mehrheit stimmte, oder homoioúsios = wesensähnlich, was die Gegner unter der Führung von Arius vertraten. Die Auseinandersetzung wurde somit um ein einziges i (griech.

Buchstabe: jota) geführt und nahm solche Dimensionen an, daß Kaiser Konstantin den inneren Frieden seines Reiches bedroht sah. Das Konzil sprach sich folglich für die Wesensgleichkeit Jesu mit dem Vater aus und erklärte die Anhänger des Arius, die Arianer, zu Irrlehrern (Häretikern), die deshalb von den Kaisertreuen in den folgenden Jahrhunderten verfolgt und ausgeschlossen wurden, so daß diese Entscheidung den Auftakt zur ersten großen Spaltung (Schisma) innerhalb der Christentumsgeschichte – dem Schisma zwischen den Kirchen des Orients und dem Abendland – bildet.

Die Wesensgleichheit wird zudem dadurch unterstrichen, daß Jesus nicht als Geschöpf, als »geschaffen« bzw. »gemacht« angesehen, sondern daß an ihn als aus dem Vater hervorgegangen, als »gezeugt« geglaubt wird. Als solcher ist er zu den Menschen und wegen unserer Rettung (griech.: sotería) gekommen und ist Fleisch und Mensch geworden (griech.: sarkothénta, en'anthropêsanta). Damit sind die Grundlinien der Christologie festgelegt, über den Heiligen Geist allerdings sagt das Glaubensbekenntnis von Nizäa praktisch nichts aus.

Die offene Frage von Nizäa, was eigentlich über den Heiligen Geist zu sagen ist, wurde sehr bald diskutiert, so daß wenige Jahrzehnte nach Nizäa ein weiteres, 381 von Kaiser Theodosius in der oströmischen Hauptstadt einberufenes Konzil das Glaubensbekenntnis von Konstantinopel formuliert:

»Ich glaube an den einen Gott, den allmächtigen Vater, Schöpfer des Himmels und der Erde, aller sichtbaren und unsichtbaren Dinge.

Und an den einen Herrn, Jesus Christus, Gottes einziggeborenen Sohn. Er ist aus dem Vater geboren vor aller Zeit: Gott von Gott, Licht vom Lichte, wahrer Gott vom wahren Gott; gezeugt, nicht geschaffen, eines Wesens mit dem Vater. Durch ihn ist alles geschaffen. Für uns Menschen und um unseres Heiles willen ist er vom Himmel herabgestiegen. Er hat Fleisch angenommen durch den Heiligen Geist aus Maria, der Jungfrau, und ist Mensch geworden. Er ist für uns gekreuzigt worden unter Pontius Pilatus, hat gelitten und ist begraben worden. Er ist auferstanden am dritten Tage gemäß der Schrift. Er ist aufgefahren in den Himmel und sitzet zur Rechten des Vaters. Er wird wiederkommen in Herrlichkeit, Gericht zu halten über Lebende und Tote, und seines Reiches wird kein Ende sein.

Ich glaube an den Heiligen Geist, den Herrn und Lebensspender, der vom Vater (und vom Sohne) ausgeht. Er wird mit dem Vater und dem Sohne zugleich angebetet und verherrlicht. Er hat gesprochen durch die Propheten.

Ich glaube an die eine, heilige, katholische und apostolische Kirche. Ich bekenne die eine Taufe zur Vergebung der Sünden. Ich erwarte die Auferstehung der Toten und das Leben der zukünftigen Weltzeit. Amen.«

Dieses Bekenntnis fußt – wie leicht zu sehen ist – auf dem von Nizäa und präzisiert die dort formulierten Aussagen über Jesus mit geringfügigen stilistischen und inhaltlichen Änderungen im ersten und zweiten Teil des Glaubensbekenntnisses. Zugleich fügt es im dritten Teil klärende Worte über den Heiligen Geist hinzu und bekennt sich im vierten Teil zur Kirche, wobei der Hinweis auf die »katholische« Kirche nicht konfessionell, sondern als universal, weltumspannend zu verstehen ist. In dieser Fassung fand das hier zitierte Glaubensbekenntnis sowohl im oströmischen Reich als auch in der lateinischen Westkirche Zustimmung und Anerkennung. Es klärt das Verhältnis des Heiligen Geistes zu Gott-Vater, indem es sagt, daß dieser »vom Vater ausgeht«, und dadurch seine Gottheit dogmatisch festlegt. Das Verhältnis des Heiligen Geistes zum Sohn bleibt indes ungeklärt und wird in der Westkirche durch den im zitierten Text in Klammern gesetzten Zusatz zunächst in Spanien, unter Papst Benedikt VIII. (1012–1024) auf Anordnung von Kaiser Heinrich II. dann für die römische Kirche insgesamt verbindlich eingefügt. Diese Fassung des Glaubensbekenntnisses wird bis heute in der Messe der römisch-katholischen Kirche verwendet und aufgrund ihrer konziliaren Herkunft gewöhnlich das »nizänisch-konstantinopolitanische Glaubensbekenntnis« genannt. Die Ostkirche reagierte auf die Einfügung von »und vom Sohne« (lateinisch: filioque) negativ und sprach sich statt dessen für ein »durch den Sohn« aus. Deshalb ist die Frage um das »filioque« zu einer theologischen Streitfrage zwischen der orthodoxen Ostkirche und der lateinischen Westkirche geworden und hat auch 1054 bei der Trennung der abendländischen Kirche in diese zwei unterschiedlichen Richtungen eine Rolle gespielt. Es ist bis heute ein dogmatisch relevanter Unterschied zwischen Ost und West.

Mit dem nizänisch-konstantinopolitanischen Glaubensbekenntnis war die theologische Entwicklung zum Trinitätsdogma abgeschlossen. Es war in der Sache das klar formuliert, was dann die griffige Formel »ein Gott in drei Personen« zum Ausdruck brachte. Die Diskussion wandte sich nun wieder Jesus zu und wollte näher bestimmen, in welchem Verhältnis Gottheit und Menschheit in Jesus Christus zueinander standen. Zwei Christus-Bilder wurden propagiert und durch wortgewaltige und einflußreiche Propagandisten zum Streitpunkt gemacht: Cyrill, seit 412 Bischof von Alexandrien und einflußreicher Patriarch in weiten Teilen des Orients, trat für eine möglichst enge Verbindung von Gottheit und Menschheit ein. Er wählte dafür ein einprägsames Bild: Die göttliche Natur durchdringt die menschliche wie Feuer eine glühende Kohle oder ein brennendes Stück Holz. Nestorius, ab 398 Bischof von Konstantinopel und ebenfalls einflußreicher Patriarch für weite Teile des Reiches, sah dies distanzierter und wählte für seine Beschreibung des Verhältnisses von göttlicher und menschlicher Natur in Christus das Bild vom Logos, der in dem Menschen Jesus wohnt wie in einem Tempel. Dementsprechend erklärte Nestorius, Maria habe zwar Christus geboren, von einer »Gottesgebärerin« (theotokos), wie dies Cyrill behauptete, könne aber nicht die Rede sein. Der Streit zwischen diesen beiden Kirchenführern und ihren unterschiedlichen Parolen »christotokos = Christusgebärerin« (Nestorius) versus »theotokos = Gottesgebärerin« (Cyrill) nahm solche Formen an, daß eine grundsätzliche Klärung notwendig wurde.

Die Entscheidung in Ephesus wurde rasch und ohne Komplikationen gefällt, weil die anwesenden 198 Bischöfe alle auf seiten Cyrills und die Anhänger des Nestorius, die sog. Nestorianer, noch gar nicht eingetroffen waren. Sie fiel folglich einstimmig zugunsten der Lehre Cyrills aus, spätere Proteste der Nestorianer konnten diesen Beschluß nicht mehr rückgängig machen. Die nestorianische Lehre war als Irrlehre (Häresie) verworfen. Als kirchliche Lehre galt von nun an das Dogma von der »theotokos« und für das Verhältnis der göttlichen zur menschlichen Natur das, was Cyrill in einem Brief an Nestorius geschrieben hatte und was durch das Konzil, bei dessen Eröffnungssitzung dieser Brief verlesen wurde, die Zustimmung der anwesenden Bischöfe gefunden hatte:

»Obgleich die Naturen, die zu einer wirklichen Einheit verbunden wurden, verschiedene sind, so ist aus ihnen doch ein Christus und Sohn geworden. Nicht wie wenn die Verschiedenheit der Naturen um der Einigung willen aufgehoben worden wäre, sondern so, daß Gottheit und Menschheit zusammen uns den *einen* Herrn und Christus und Sohn gebildet haben, vermöge einer unaussprechlichen und geheimnisvollen Verbindung zu einer Einheit. [...] Denn es ist nicht zuerst ein gewöhnlicher Mensch aus der Jungfrau geboren und auf diesen dann das Wort [d.i. der ›lógos‹] herabgestiegen, sondern aus dem Mutterschoße selbst ist er geeint hervorgegangen [...].«

Die hier festgelegte Einheit der Person Christi in zwei Naturen, die sog. »hypostatische Union« (von griech.: Hypostasis =

Person), konnte die entstandenen Parteiungen innerhalb der Kirchenprovinzen und theologisch-christologischen Interpretationen nicht befriedigen. Neue Konflikte und Theorien kamen auf. Die Monophysiten wollten die Menschheit praktisch ganz bedeutungslos werden lassen und alles in der göttlichen Natur (Monophysitismus = nur eine, d.h. die göttliche Natur) aufgehen lassen wie ein Tropfen Wasser im Wein, die Nestorianer versuchten, mit immer neuen Argumenten die hypostatische Union, d.h. die Einheit der Person in zwei Naturen, als Konzept zu bekämpfen. Eine weitere Versammlung (Konzil) sollte Klarheit bringen. Sie fand in Chalzedon, einer Vorstadt von Konstantinopel auf der asiatischen Seite, statt und war die bislang größte Kirchenversammlung in der Geschichte des Christentums. Die Zahl von 600 Teilnehmern ist sicher weit übertrieben, dennoch war es vermutlich bis in die Neuzeit das am stärksten von Bischöfen besuchte Konzil. In Gegenwart des Kaiserpaares wurde von allen Bischöfen diese Erklärung unterschrieben:

»Folgend also den heiligen Vätern [von Nizäa und Konstantinopel] lehren wir alle einstimmig, daß der Sohn, unser Herr Jesus Christus, ein und derselbe ist. Der eine und selbe ist vollkommen der Gottheit und vollkommen der Menschheit nach wahrer Gott und wahrer Mensch, bestehend aus einer vernünftigen Seele und dem Leibe. Der eine und selbe ist wesensgleich dem Vater der Gottheit nach und wesensgleich auch uns seiner Menschheit nach, er ist uns in allem ähnlich geworden, die Sünde ausgenommen (Hebräerbrief 4, 15). Vor aller Zeit wurde er aus dem Vater gezeugt seiner Gottheit nach, in den letzten Tagen aber wurde derselbe für uns und um unseres Heiles willen aus Maria, der Jungfrau, der Gottesgebärerin, der Menschheit nach geboren; wir bekennen einen und denselben Christus, den Sohn, den Herrn, den einziggeborenen, der in zwei Naturen unvermischt, unverwandelt, ungetrennt und ungesondert besteht. Niemals wird der Unterschied der Naturen wegen der Einigung aufgehoben, es wird vielmehr die Eigentümlichkeit einer jeden Natur bewahrt, indem beide in einer Person und einer Hypostase zusammenkommen. Wir bekennen nicht einen in zwei Personen getrennten und zerrissenen, sondern einen und denselben einziggeborenen Sohn, das göttliche Wort, den Herrn Jesus Christus, wie schon die Propheten ihn verkündet und der Herr Jesus Christus selbst es uns gelehrt und das Glaubensbekenntnis der Väter es uns überliefert hat. Da wir nun diese Entscheidung mit großer, allseitiger Umsicht und Genauigkeit verfaßt haben, so beschloß die heilige und allgemeine Kirchenversammlung, daß niemand einen anderen Glauben vortragen oder niederschreiben, verfassen, hegen oder andere lehren dürfe.«

Mit diesem Text sind nun alle andersartigen Interpretationen abgewehrt. Als Beispiele seien nur folgende Passagen wiederholt: »vollkommen der Gottheit und vollkommen der Menschheit nach wahrer Gott und wahrer Mensch, bestehend aus einer vernünftigen Seele und dem Leibe« richtet sich gegen jeden Versuch zu glauben, Jesus habe nur einen Scheinleib gehabt, sei also kein echter Mensch gewesen und habe infolgedessen gar nicht richtig zu leiden brauchen, wie es die Doketisten (abgeleitet von griech.: dokein = scheinen) behaupteten; »in [nicht: aus] zwei Naturen unvermischt und unverwandelt« wendet sich gegen die Monophysiten; »ungetrennt und ungesondert« weist die nestorianische Position zurück.

Es kann hier nicht die Aufgabe sein, alle weiteren abweichenden Positionen zu behandeln oder auch nur zu erwähnen, denn die Reihe der Diskussionspunkte und Erklärungsmodelle ist lang. Statt dessen ist eine Zusammenfassung der wichtigsten Aussagen dieser Glaubensbekenntnisse notwendig, weil sie für die folgende Christentumsgeschichte relevant sind. Durch die oben zitierten Texte wird deutlich, daß Jesus als »wahrer Gott und wahrer Mensch« und damit als echtes Bindeglied zwischen Gott und Mensch gesehen wird. Keine andere Religion der Antike ist soweit gegangen wie das Christentum, das lehrt, daß Gott selbst in einem historisch greifbaren, konkreten Menschen – Jesus

Christus – sichtbar geworden ist gemäß dem Ausspruch Jesu im Evangelium nach Johannes: »wer mich sieht, sieht den, der mich gesandt hat« (12, 45). An seinem Handeln ist daher das Handeln Gottes ablesbar, ohne daß eine Verschmelzung zwischen beiden aus dem Satz »ich und der Vater sind eins« (Johannes 10, 30) gefolgert werden darf, so daß am Ende Vater und Sohn nur noch Erscheinungsweisen ein und desselben Gottes wären. Genau dies behaupteten die Modalisten (abgeleitet von lat.: modus = Art und Weise). Einige Modalisten zogen konsequenterweise die Folgerung, daß dann der Vater den Kreuzestod erlitten haben müsse, weshalb man sie Patripassianer, d.h. Vaterleider, genannt hat.

Der eine Gott ist in drei Personen da, die Eins ist folglich ebenso ursprünglich wie die Drei, ohne daß dies einen Tritheismus, d.h. eine Drei-Götter-Existenz, bedeutet. Die hier angesprochene Dreieinigkeit (drei in einem, lat.: trinitas, daher Trinität) ist nach der christlichen Lehre ein gedanklich nie vollständig auflösbarer Blick ins innerste Sein des einen und einzigen Gottes, der ganz Liebe ist (1. Johannes 4, 16 b) und diese Liebe in sich selbst im Geist des Gebens (Vater) und Empfangens (Sohn) vollzieht. Dies zu erfassen, haben christliche Philosophen immer wieder geistige Anstrengungen unternommen. Sie sind aber letztlich nie zu einer vollständig zufriedenstellenden Lösung gekommen. Sie haben dafür den Personenbegriff so gefaßt, daß er zum Kristallisationspunkt für Handeln und Beziehung und dadurch eine gestalthafte Bezugsgröße ohne Selbstand wurde. Dennoch blieb immer ein nicht weiter auflösbarer Rest bei all diesen Erklärungsversuchen übrig. Man tröstete sich mit Gottes unendlich viel größerem Geist, der letztlich für Menschen unergründlich und daher ein Geheimnis ist. Keine andere philosophische Ausrichtung im Mittelmeerraum stand vor ähnlichen Herausforderungen an das menschliche

Denken. Ohne dieses logische Paradoxon: eins = drei, das scheint sicher zu sein, hätte die abendländische Philosophie einen anderen Weg eingeschlagen. Sie hätte sich vermutlich mit dem begnügt, was sie als Lehre von dem einen Gott (lat.: de Deo uno) von den Griechen durch die theologisierende Vermittlung der Araber übernommen hat. Der Trinitätslehre wegen aber mußten die christlichen Theologen im Mittelalter noch einen weiteren Traktat anfügen: den über den dreieinigen Gott (lat.: de Deo trino), in dem all die Spekulationen geboten werden, von denen hier die Rede ist.

Der Glaube an die Menschwerdung des »lógos« besagt, daß die Grenze zwischen Gott und Mensch mitten durch den Gottmenschen Jesus Christus verläuft. Dies bedeutet zum einen, daß Gott ganz nah an die menschliche Welt herangekommen und mit ihr verbunden ist. In der Sprache der Deutungen heißt dies, daß sich Gott den Menschen zugewandt hat, weshalb neuere Interpretationen dieser Aussage die Mit-Menschlichkeit Gottes betonen, bis hin zu der Devise: Mach's wie Gott, werde Mensch! Andererseits gilt diese Nähe auch umgekehrt, indem der Mensch in Jesus Christus mit Gott verbunden ist. Während der erste Aspekt das Herabkommen Gottes betont, legt diese zuletzt erwähnte Auslegung den Akzent auf das Aufsteigen des Menschen zu Gott, in alter Formelsprache: das Hineinnehmen des Menschen in die Gottheit, oder noch anders gesagt: Gott ist Mensch geworden, damit die Menschen göttlich werden.

Da die Inkarnation (d.i. die Menschwerdung) nie mehr endet, weil die hypostatische Union in alle Ewigkeit fortbesteht, wie das Bekenntnis von Chalzedon sagt, ist diese Heilszusage Gottes an den Menschen endgültig, weil der Mensch durch Jesus Christus bei Gott ist und daraus nach der gängigen Auslegung die Gewißheit abgeleitet werden muß, daß Gott den Menschen einlädt, an seinem innergöttlichen Leben teilzunehmen, und daß diese Einladung bestehen bleibt, komme, was wolle, d.h., was immer der Mensch als einzelner oder die Menschheit als ganze tun wird. Wollte Gott nämlich den Menschen verwerfen, so müßte er die Inkarnation rückgängig machen, was durch Chalzedon ausgeschlossen ist. Insofern ist das Bekenntnis von Chalzedon kühner als alles andere, was die Religionsgeschichte bislang an Heilszusagen eines Gottes für die Menschen zu bieten hat. Dies scheint Paulus klar gesehen zu haben, wenn er im ersten Korintherbrief schreibt: »Wir verkündigen Christus als den Gekreuzigten, für Juden ein empörendes Ärgernis, für Heiden eine Torheit, für die Berufenen aber, Juden wie Griechen, Christus, Gottes Kraft und Gottes Weisheit.« (1. Korinther 1, 23 f.)

Die Lehre von der Trinität und der Inkarnation hat auch für die Anthropologie Konsequenzen. Es geht um die Erlösung des Menschen von der Sünde und ihren Folgen. Endgültig geschieht dies am Ende der Zeiten, wenn alle Menschen sich vor einem Gericht verantworten müssen. Von der Entscheidung des Richters (Gott, Jesus Christus) hängt es dann ab, wer mit Gott sein und wer verworfen werden wird. Offen ist dabei nach den Briefen des Neuen Testamentes (vgl. die Abschnitte »Die Paulinischen Briefe« und »Die katholischen Briefe«), welche Kriterien den Ausschlag geben: der Glaube und/oder die Werke, denn die Mit-Menschlichkeit ist von so großer Wichtigkeit, daß sie beim Bericht des Evangeliums nach Matthäus über das letzte Gericht zum ausschließlichen Kriterium gemacht wird, wenn dort der Richter sagt: »Ich war hungrig, und ihr habt mir zu essen gegeben; ich war durstig, und ihr habt mir zu trinken gegeben; ich war fremd und obdachlos, und ihr habt mich aufgenommen; ich war nackt, und ihr habt mir Kleidung gegeben; ich war krank, und ihr habt mich besucht; ich war im Gefängnis, und ihr seid zu mir gekommen. [...] Amen, ich sage euch: was ihr für einen meiner geringsten Brüder getan habt, das habt ihr mir getan.« (Matthäus 25, 35 f. 40)

Die Zusammenfassung dieser Aussagen berührt die große Bandbreite der Aspekte, die mit unterschiedlicher Akzentsetzung bei den einzelnen Menschen wie auch zu verschiedenen Zeiten der Geschichte des Christentums zum Tragen kamen.

Unterschiedliche Schwerpunkte in der Frömmigkeitsgeschichte des Christentums

Die im letzten Abschnitt dargestellten Glaubensinhalte haben bei einzelnen Menschen ein unterschiedliches Echo gefunden, sie sind aber auch von der Christenheit im Laufe der Geschichte verschieden aufgenommen worden. Manch persönliche Erfahrung ist dabei sicher mit eingeflossen und wird wohl auch die Akzentsetzung in den theoretischen Aussagen großer Gestalten des Christentums beeinflußt haben, wie es Oskar Pfister in einem wichtigen, leider zu wenig beachteten Buch nachgewiesen hat.[8] So gesehen, ist die Lehre nicht nur graue Theorie, sondern Ausdruck von konkreter religiöser Erfahrung, gekoppelt mit theoretischen Kenntnissen, die beim Studium der Religion bzw. bei der Betrachtung ihrer Inhalte erworben wurden.

Als Beispiel für eine solche Erfahrungsebene kann das Bild von Gott bzw. Christus als Allherrscher (Pantokrator), als König/Kaiser dienen. Diesem Bild entsprechend, wird vor allem die Macht des himmlischen Herrn betont. Wie irdische Herrscher ist dieser auch von einer Vielzahl hierarchisch gestaffelter Dienstboten (z.B. Cherubim, Seraphim, Herrschaften, Erzengel, Engel) umgeben. Ein jeder Dienstgrad hat seine besonderen Aufgaben. Ja, dem hierarchisch gestaffelten himmlischen Hofstaat steht sogar noch ein ähnlich strukturierter teuflischer

Herrschaftsbereich gegenüber. Die Menschen wissen um ihre Ohnmacht gegenüber diesem Herrscher, sei es Gott Vater oder Jesus Christus. Sie stellen ihn bildlich als Herrn dar, in späterer Zeit (Romanik) setzen sie ihm noch die Herrscherkrone aufs Haupt und bauen sein Haus, das Gotteshaus, wie eine wehrhafte Trutzburg. Ihrer normalen Erfahrung im Alltag entspricht, daß man Mächtigen ausgeliefert und auf deren Gnade angewiesen ist, ohne Rückfragen stellen zu können, ja daß man in vielen Fällen gut beraten ist, sich Fürsprecher unter den am Hof Geschätzten zu suchen, wenn man für ein Anliegen Gehör finden möchte. In gleicher Weise, so denkt man, verfährt auch Gott/Christus mit den Menschen, und man sucht sich Fürsprecher in seiner Umgebung: die Apostel, die Mutter Jesu oder andere Menschen, die in besonderer Weise Gnade bei Gott gefunden haben (d.h. die Heiligen). Die persönlichen Anliegen trägt man diesen Mittelspersonen vor und hofft darauf, daß ihr Einfluß, ihre Stellung oder auch die Zuneigung des himmlischen Herrschers zu ihnen so groß sein werden, daß ihnen keine Bitte abgeschlagen wird. Auf diese Weise gewinnt der Heiligenkult an Bedeutung, Gott/Christus dagegen rücken in die Transzendenz weg, zu sehr erhaben, um sich der alltäglichen Sorgen der Menschen im Detail anzunehmen.

Die Verehrung eines solch himmlischen Herrschers kann unterschiedliche Frömmigkeitsstile nach sich ziehen. Sie kann bewirken, daß man dem Herrscher mit großer Hochachtung und tiefer Verehrung, mit Ehrfurcht, aber ohne Angst begegnet. Dann kommt der Gang zum Gotteshaus einer Auszeichnung als Soldat Christi gleich und bedeutet Verpflichtung und Adelung zugleich. Es kann dabei aber auch der Machtaspekt so sehr überwiegen, daß sich die Gläubigen wie Sklaven fühlen, deren Herr jede Verfehlung registriert und alles peinlichst genau am Tage des Gerichtes präsentieren wird und für jedes Vergehen eine fürchterliche Bestrafung bereithält. Die abendländische Literatur und Kunst bietet eine Fülle von Beispielen, die diese Höllenqualen ausmalen und mit hämischer Genugtuung die Angst der Menschen vor dem Gericht schüren, das ursprünglich als glücklicher Tag der Rettung angesehen wurde.

Eine ganz andere Erfahrung liegt der Betrachtung des Mannes der Schmerzen zugrunde. Hier ist Jesus nicht der ferne, in die Herrlichkeit Gottes gehobene, zur Rechten des Vaters sitzende Herr, sondern der ganz nahe gekommene, sehr menschliche Mann der Schmerzen, auf dessen Antlitz das Blut der Dornenkrone zu sehen und dessen Körper durch die Geißelung geschunden ist. Er trägt das Kreuz für die Sünden der Menschen, also auch derer, die diese Szenen betrachten, und gibt sein Leben hin, sie alle zu retten. Wieder ist die Erfahrungsebene ambivalent: Die einen fühlen sich geadelt, daß Gottes Sohn all dies zu ihrer Rettung durchmacht, andere verspüren das Bedürfnis, ihn in diesem Leiden nicht allein zu lassen, sondern einen Teil der eigenen Sünden abzubüßen, durch Bußprozessionen, bei denen weite Strecken – oft unter erschwerten Bedingungen (bekannt sind dafür die Erbsen in den Schuhen, um sich zu schinden, oder das Voranrücken auf Knien) – zurückgelegt werden. In manchen Gegenden werden noch drastischere Bußpraktiken durchgeführt. Sehr bekannt sind in dieser Hinsicht die Passionsprozessionen in der Karwoche in Spanien, wo manche Teilnehmer wirklich einen Teil ihres Blutes für Jesus vergießen.

Die Bußpraktiken verweisen darauf, daß die Sündhaftigkeit des Menschen zu gewissen Zeiten und in gewissen Gegenden ganz besonders betont wird. Dann kommt es leicht zu einer fast krankhaften Angst, Sünden zu begehen. Zudem ist Eile geboten, die Sünden vergeben zu bekommen, um nicht – im Falle eines plötzlichen Todes – für immer in der Hölle zu enden. Entsprechend ausgeprägt sind die Beicht- und Bußmöglichkeiten, um solch negativen Entwicklungen zu wehren. Dadurch kann sich umgekehrt auch wieder eine seelische Beruhigung einstellen, indem man glaubt, nun gerettet zu sein, was wiederum Kritiker solchen Brauchtums anprangern, die vor falscher Sicherheit warnen.

Die Errettung des Menschen von der Sünde durch Jesus Christus hat auch dazu geführt, daß die Situation vor der Erlösung, gewissermaßen die Ausgangsbedingung für alle Erlösung, bedacht und detailliert beschrieben wurde. Hierbei spielt vor allem die sog. Adam-Christus-Parallele, wie sie im Römerbrief (vgl. den Abschnitt »Die Paulinischen Briefe«) vorgestellt wird, eine zentrale Rolle. Dabei wird die Sünde des Adam als ein Sündenfall von eminenter Tragweite für die Menschheit gedeutet, die erst durch den Kreuzestod Jesu gesühnt und folglich wettgemacht wird. Die daraus entwickelte Lehre von der Erbsünde wird in den Schriften des nordafrikanischen Bischofs Augustinus (gest. 430 nach unserer Zeitrechnung) ausführlich dargelegt und in der lateinischen Westkirche immer wieder abgehandelt. Sie begnügt sich nicht damit zu sagen – wie es die Juden bei der Lektüre des Textes in der Hebräischen Bibel bis heute tun –, daß die Sünde Adams und Evas im Paradies (1. Mose 3) eine persönliche Sünde gewesen sei, die zwar den Verlust des Paradieses nach sich zog, ansonsten aber nicht substantiell den Menschen und die Welt verändert habe. Die Lehre von der Erbsünde geht diesbezüglich einen Schritt weiter und erklärt, daß die Sünde Adams und Evas Mensch und Welt im Kern getroffen und verändert hat, so daß beide nicht mehr heil sind, sich folglich nicht mehr – bei noch so guten Absichten – daraus alleine befreien können, sondern, um wieder heil zu werden, einer Intervention von außen, eines *Heil*andes bedürfen. Dieser ist nach christlicher Lehre in Jesus Christus gekommen und hat durch seinen Tod und seine Auferstehung diese *Heil*ung gebracht. Nur wer durch Christus gerettet ist, wird von Gott Vater wieder als heil und direkt mit ihm in Verbindung stehend bestätigt, wie dies für Adam vor dem Sündenfall gegolten hat. Mit Blick auf Nichtchristen hat dies in der historischen Praxis des Christentums zum Teil zu einer Reihe von Konsequenzen geführt: Man glaubte, daß Kinder, die tot geboren werden oder ohne die Taufe empfangen zu haben sterben, keinen Zugang zu Gott haben, sondern in einer Art Vorhölle (lat.: limbus puerorum) untergebracht würden. Man hielt alle Nichtgetauften für höchstwahrscheinlich zur Hölle Verdammte. Eine riesige Taufwelle setzte deshalb in der Kolonialzeit in Amerika und anderswo ein, um den unterjochten Völkern wenigstens die Chancen für das Jenseits positiv zu gestalten, nachdem man sie im Diesseits als Untergebene der Kolonialherren genügend geschunden hatte. Man war davon überzeugt, daß Muslime und Juden – später auch Hindus und Buddhisten – allesamt in die Hölle kämen, wenn sie sich nicht noch rechtzeitig vor ihrem Tod taufen ließen. Man bedauerte schließlich alle vor Jesus Verstorbenen und betete dafür, daß Jesus sie von ihrer Sünde erlösen möge, damit sie nicht von den himmlischen Freuden ausgeschlossen blieben.

Zeitweise konnte auch der Gedanke an den Himmel helfen, das irdische Tränental zu ertragen. Hierin zeigt sich die Kraft der Religion als »Opium des Volkes« – wie Karl Marx (gest. 1883) sagt –, da sie durch Vertröstung auf bessere Zeiten das Gegenwärtige leichter erträglich macht.

Der Glaube an Jesus Christus konnte einzelne Männer und Frauen auch dazu bringen, an ihre besondere Berufung zu glauben, auf Familie und Heimat zu verzichten, um ein Leben, ganz dem Herrn geweiht, zu führen. Die Formen dieses Lebens sind so vielfältig, daß es nicht möglich ist, irgendeinen gemeinsamen Nenner dafür zu finden. Dies gilt rein formal für die unzähligen religiösen Orden im Christentum, von denen viele sich in der

Kranken- und Altenpflege engagieren, andere Ausbildungsstätten wie z.B. Schulen betreiben, manche missionarisch in fremden Ländern tätig sind, wieder andere sich völlig abschließen und nur dem Gebet leben. Noch vielfältiger sind die Verwirklichungsformen individueller Frömmigkeit innerhalb wie außerhalb solcher Orden.

Der Glaube an Jesus Christus hat nicht wenigen Männern und Frauen geholfen, ein emotionales Verhältnis zu Jesus Christus aufzubauen und zu lieben, zumal die Liebe in der christlichen Tradition für Gott als das Wesentliche festgehalten wird. Die christliche Mystik ist reich an verschiedenen Formen der Gotteserfahrung, die von tiefer Nacht und Verlassenheit über intensive Liebesmystik bis zur totalen Sprachlosigkeit des religiösen Erlebens gehen kann.

Neben diesen hehren Formen der Frömmigkeit gibt es aber auch die weniger subtilen. Es gibt die Glaubenseiferer, die im Namen Gottes Machtansprüche durchsetzen wollten und dabei auch vor der Verfolgung und Vernichtung der Gegner nicht zurückschreckten. Auch hier sind die konkreten Formen vielfältig: die Kreuzritter, die Inquisitoren, die Verfolger von Irrlehrern, um den wahren Glauben zu retten.

Der Glaube an die Macht Gottes beinhaltete über Jahrhunderte hinweg für viele Menschen die Hoffnung, durch Gebet und Wallfahrten Gott zu direktem Eingreifen in seine Schöpfung bewegen zu können. Eine Art Agrarreligion entstand, in der die Belange der Landwirtschaft deutlich artikuliert wurden. Es wurde um Regen ebenso gebetet wie um Schutz vor Hagel, Blitz und Wind. Diese Frömmigkeitsform ist heute in den meisten Gegenden Deutschlands unter starke Kritik geraten, weil zum einen die Bedürfnisse der Industrie- und Dienstleistungsgesellschaft dadurch weder angesprochen noch gar befriedigt werden. Andererseits ist auch der Glaube an diese Form göttlichen Eingreifens gesunken, weil sein Inhalt im Widerspruch zu allem steht, was heute über die Ursachen des Wetters vermittelt wird. Religionskritik auf naturwissenschaftlicher Basis und im Sinne jeglicher Ablehnung magischer Praktiken stehen der ungebrochenen Fortsetzung dieser Frömmigkeitstradition eindeutig im Wege.

Die verschiedenen Schwerpunkte in der Frömmigkeitsgeschichte haben gezeigt, daß das christliche Glaubensbekenntnis auch dort, wo seine Inhalte nicht in Frage gestellt werden, sehr unterschiedlich ausgelegt und gelebt werden kann. Was – wie etwa die Allgegenwart Gottes – für die einen als sichere Geborgenheit in Gottes Hand gilt, ist für andere eine Qual, weil sie glauben, auf diese Weise Gott erbarmungslos ausgeliefert zu sein, ohne Chance, ihm irgendwie zu entkommen, so daß dieser Glaube – wie in der *Gottesvergiftung* von Tilman Moser[9] – Intimität verhindern, ja sogar zerstören kann. Folglich ist nicht alles für alle »frohe Botschaft«. Diese Problematik zeigt sich vor allem in bezug auf das verwendete Vokabular. Wenn beispielsweise christlich von Gott als »unserem Vater« die Rede ist, werden die meisten dabei unwillkürlich an ihren eigenen Vater denken, so daß die inhaltliche Bedeutung dieser Aussage im Einzelfall nur noch schwer kontrollierbar ist. Manche haben ihren Vater als erdrückendes Über-Ich, als Tyrannen erlebt, andere als extrem schwach und trottelhaft. Was wird diesen Menschen die Mitteilung sagen, Gott sei wie ihr Vater? Muß da nicht erst Klarheit geschaffen werden über das, was wirklich mitgeteilt werden soll? Und ist nicht auch die Theologie selbst in der Gefahr, die eigenen Erfahrungen der Auslegenden zur Botschaft zu machen? Es ist von daher leicht zu verstehen, daß der Umgang mit solchen Auslegungen nicht unkritisch geschehen darf. Insofern enthält eine verantwortete Auslegung heute notwendigerweise auch ein Stück Religionskritik.

Die Religionskritik in der Neuzeit

Religionskritik ist ein neuzeitliches Phänomen und über lange Zeit auf Europa beschränkt geblieben. Sie hat verschiedene Facetten, und sie hat sich insgesamt langsam entwickelt. Mit ihr ging ein Ablösungsprozeß von der dogmatischen Dominanz des Christentums einher. Sie hat in vielen Bereichen ihrerseits wieder Rückwirkungen auf die Theoriebildung im Christentum gehabt und ist somit nur sinnvoll im Rahmen dieses Wechselspiels zu beschreiben. Die wesentlichen Etappen sind die Veränderung des Welt- und Menschenbildes, der philosophische Atheismus, die historisch-kritische Erforschung der Bibel sowie die Psychoanalyse.

Die Veränderung des Welt- und Menschenbildes

Die grundlegende Veränderung im Weltbild wurde eingeleitet durch Galileo Galilei (1564–1642) und Johannes Kepler (1571–1630). Sie stellte nicht nur das bis dahin gelehrte Weltbild der Wissenschaft in Frage, sondern stand auch im Widerspruch zum Weltbild der Bibel. Beide Weltbilder setzten die Erde in die Mitte des Weltalls und ließen alle anderen Gestirne, Sonne, Mond und Sterne, sich um die Erde drehen. Der Schock, daß dieses biblische Weltbild nicht mehr gelten sollte, war von nachhaltiger Bedeutung für das Christentum. Zum ersten Male waren damit im Namen der Wissenschaft Zweifel an dem formuliert worden, was man jahrhundertelang für göttliche Offenbarung und damit für die absolute Wahrheit schlechthin gehalten hatte. Als Lösungsvorschlag bot sich ein schon im Mittelalter eingebrachtes Konzept von der doppelten Wahrheit an. Danach – so hatte Siger von Brabant (gest. um 1281) in Paris gelehrt – könne es den Fall geben, daß eine Wahrheit in einem Bereich richtig und wahr ist, in einem anderen Bereich jedoch keine Geltung habe, sondern dort etwas anderes als wahr anerkannt werde. Auf das Verhältnis von Naturwissenschaft und Glaube übertragen, käme diese Position dem Vorschlag gleich, die Labortür fest hinter sich zu schließen und sich ganz der Naturwissenschaft und ihren Kenntnissen hinzugeben, beim Verlassen des Labors aber diese Tür von der anderen Seite zu verschließen, um sich ganz und ungetrübt der Glaubenswahrheit zu überlassen. Eine solche Doppelgleisigkeit im Umgang mit der Wahrheit konnte sich jedoch nicht lange halten. Die Wahrheit konnte nicht in zwei sich logisch widersprechende Grundaussagen aufgespalten werden. Man mußte sich zum Entweder-Oder durchringen.

Dieses Ringen hat lange gedauert und sehr viel später zu einer Theologie geführt, die der Naturwissenschaft ihre Aussagen beläßt und deren Wahrheit auch nicht bestreitet. Die Theologie kann dies heute mit dem Argument tun, die Bibel entspreche dem kulturell-wissenschaftlichen Bildungsstand ihrer Entstehungszeit und wolle die Menschen gar nicht lehren, wie die Natur – wissenschaftlich betrachtet – funktioniert, sondern daß nichts existieren würde, käme es nicht von Gott. Auf diese Weise wird Gott zur letztendlichen Erstursache allen Seins, greift aber nicht unmittelbar in den Ablauf der Dinge ein, sondern läßt ihn nach den Gesetzmäßigkeiten der Natur geschehen. Die damit angedeutete Position ähnelt der philosophischen Konzeption des Deismus, die Gott wie einen Uhrmacher sieht, der ein Produkt (bei Gott die Welt, beim Uhrmacher die Uhr) herstellt und in Gang setzt, danach aber nicht mehr eingreift, sondern das Produkt sich selbst und seiner internen Gesetzmäßigkeit überläßt. Die christliche Sichtweise teilt mit dem Deismus die Vorstellung, daß Gott gewöhnlich so verfährt, sie setzt sich aber insofern vom Deismus ab, als sie Gott stets die Möglichkeit eines direkten Eingriffs offenläßt und in einigen

Fällen auch behauptet, daß ein solcher auch erfolgt sei. Diese außergewöhnlichen Fälle nennt die theologische Fachsprache Wunder. Sie sind bis heute ein Streitpunkt in der Auseinandersetzung zwischen Naturwissenschaft und Glaube geblieben, wobei zu sagen ist, daß die Situation dadurch entschärft ist, daß die Theologie immer seltener auf solchen Ausnahmen von der Regel konkret besteht und umgekehrt auch die Naturwissenschaften ihren Gesetzesbegriff weniger starr fassen, als dies vielfach in der Vergangenheit der Fall gewesen ist.

Die Auseinandersetzungen zwischen Naturwissenschaft und Glaube haben bewirkt, daß die Theologie hinsichtlich empirisch überprüfbarer Aussagen vorsichtiger geworden ist. Die Folge davon sind – neben soziologischen Veränderungen – ein deutlicher Rückgang agrarreligiöser Elemente der Frömmigkeit (vgl. den vorigen Abschnitt) und eine Verlagerung der Frömmigkeit auf Extremsituationen wie Krankheit und Tod. Dies sind die Bereiche, in denen häufig noch religiöser Beistand gefragt ist und Gottes bzw. Christi Hilfe erbeten wird. Es handelt sich folglich um jene Bereiche, in denen andere Hilfsmittel (Medikamente, Operationen, Versicherungen) versagen und nur noch Gott, Jesus oder irgendwelche Heilige – wenn überhaupt – als Helfer übrigbleiben. Eine solche Lückenbüßerfunktion der Religion – das hat die Vergangenheit gezeigt – verliert entsprechend dem technisch-wissenschaftlichen Fortschritt an Bedeutung, weil es immer weniger Bereiche gibt, in denen Religion relevant ist. Die Mehrzahl der Lebenssituationen kann ohne Rekurs auf Religion bewältigt werden. Das Bedürfnis nach Religion ist in säkularen Industriegesellschaften deutlich gesunken. Niemand wird etwa vorschlagen, zur Beseitigung der Arbeitslosigkeit Bittgottesdienste einzurichten. Würden solche veranstaltet, kämen entweder kaum Teilnehmer oder die Motivation zum Besuch solcher Gottesdienste würde durch Predigten geweckt, die moralische Anklagen gegen die Schuldigen erheben und Aktionen zur Beseitigung der Mißstände planen. Eine direkte Intervention von seiten Gottes wird nicht mehr erwartet. Die Devise lautet allenfalls: Hilf dir selbst, dann hilft dir Gott.

Die hier summarisch zusammengefaßten Ergebnisse der Auseinandersetzungen zwischen Naturwissenschaft und Glaube zeigen, daß die christliche Theologie die Erkenntnisse der Naturwissenschaften akzeptiert und in ihre eigene Theoriebildung integriert hat. Dies ist nicht immer freiwillig geschehen, und die Art und Weise, wie Menschen auf das religiöse Angebot des Christentums reagieren, konnte meist nicht mehr von den Kirchen gesteuert werden. Dennoch darf insgesamt von einer Entspannung im Verhältnis von Naturwissenschaft und Glaube bezüglich des Weltbildes gesprochen werden. Dies gilt nicht in gleichem Maße von der Veränderung des Menschenbildes.

Die Veränderung des Menschenbildes erfolgte im 19. Jahrhundert durch die Abstammungslehre von Charles Darwin (1809–1882). Danach wird der Mensch zwar als eine eigene Spezies angesehen, aber in eine Entwicklungsreihe zu anderen Primaten und den Tieren gestellt und letztlich vollständig in die Evolution eingebettet. Er verliert somit jene Sonderstellung in der Schöpfung, die man bis dahin aus der Bibel – beginnend mit dem Schöpfungsbericht der Hebräischen Bibel (vgl. 1. Mose 1, 26 bis 2, 24) – abgeleitet hatte. Die Lehre vom doppelten Ursprung des Menschen – einem Leib aus der Erde (gemäß dem hebräischen adam = Mensch aus adamah = Ackerboden) und einer Seele, die den Odem des Lebens (nach 1. Mose 2, 7 von Gott in die Nase des Adam geblasen) darstellt – geriet ins Wanken. Hinzu kommt, daß die unterschiedlichen Theorien über mehrere Abstammungslinien (Polygenismus) der heutigen Menschheit im Laufe der Evolution nicht mit der Vorstellung von der Erbsünde (vgl. den vorigen Abschnitt) vereinbar sind. Während in Europa die Diskussion um die Evolution des Menschen stark abgeebbt ist, erhitzt sie in den USA nach wie vor die Gemüter. Die Auseinandersetzungen gehen dort soweit, daß christliche fundamentalistische Kreise versuchen, die Behandlung der Evolutionslehre in staatlichen Schulen verbieten zu lassen. Den christlichen Schulen stellt es der Staat frei, ob sie diese behandeln. Dieses Beispiel zeigt, daß die Debatte bezüglich der Evolution noch nicht abgeschlossen ist.

Nur indirekt ist Religionskritik bei der Diskussion um die Gentechnologie im Spiel. Zwar rufen gentechnologische Entwicklungen wie etwa das Klonen eines Schafes im Jahre 1997 ablehnende oder warnende Stellungnahmen der christlichen Kirchen hervor, doch verstehen diese solche Laborergebnisse nicht mehr als Angriffe auf die christliche Lehre, sondern als Verstöße gegen die zulässigen Normen der Moral. Auf diese Weise werden ihre Stellungnahmen gemeinsam mit denen anderer Religionen sowie nicht religiöser Instanzen veröffentlicht und thematisieren die Grenzen des Erlaubten. Es ist nicht schwer einzusehen, daß die Erörterung des Erlaubten und die Festlegung des Verbotenen rasch metaphysische Bezugspunkte erkennen lassen, prinzipiell aber auch ohne einen metaphysischen Rekurs auskommen können. Die christliche Religion versteht sich in dieser Diskussion – wie es einmal Papst Johannes Paul II. ausgedrückt hat – »als Expertin für das Menschliche« und wirft ihre Botschaft als moralische Orientierung für die Menschheit in die Waagschale. Der Argumentationsschwerpunkt hat sich offenbar von der dogmatisch belehrenden Position auf die moralisch appellierende Ebene verschoben. Dabei ist der Bezug auf Gott in den Hintergrund getreten, es geht in erster Linie um den Menschen, aus der Theologie wurde eine Anthropologie.

Die Akzentverschiebung von der Theologie hin zur Anthropologie[10] konstatierte schon Ludwig Feuerbach (1804–1872). In seinem Buch über das *Wesen des Christentums* erklärte er Gott rein menschlich: »Gott ist sein [d.h. des Menschen] anderes Ich, seine andere verlorene Hälfte; in *Gott ergänzt er sich*, in Gott ist er erst *vollkommener Mensch*. Gott ist ihm ein *Bedürfnis*; es fehlt ihm Etwas, ohne zu wissen, was ihm fehlt. Gott ist dieses *fehlende Etwas*.«[11]

Dieser anthropologische Ansatz wird bei Feuerbach auf Gott und Christus übertragen, wenn er schreibt: »Gott als Gott ist der Inbegriff aller menschlichen Vollkommenheit, Gott als Christus ist der Inbegriff alles menschlichen Elends.«[12]

Der anthropologische Ansatz dient schließlich zur Erläuterung der Trinität: »Gott der Vater ist *Ich*, Gott als Sohn *Du*. *Ich* ist *Verstand*, *Du Liebe*; *Liebe* aber mit *Verstand* und *Verstand mit Liebe* ist erst *Geist*, ist erst der *ganze Mensch. Gemeinschaftliches Leben nur ist wahres, in sich befriedigtes, göttliches Leben*.«[13]

Der Feuerbachsche Ansatz nimmt bereits teilweise die Pointierung vorweg, die im philosophischen Atheismus von Friedrich Nietzsche (1844–1900) voll zur Entfaltung kommt. Von ihm stammt die griffige Formel vom Tod Gottes. Seither hat Europa sich langsam daran gewöhnt, atheistisch, zumindest agnostisch zu denken. Auf allen Ebenen kann man diesem Gedankengut heute begegnen. Seine sicherlich eindrucksvollste literarische Verarbeitung hat es bei Umberto Eco gefunden, der in seinem Roman *Der Name der Rose* (1980) die zeichenhaften Erscheinungen kriminalistisch so miteinander verknüpft, daß seine Hauptfigur William tatsächlich zur wahren Ursache für die Morde vorstoßen kann und dann erkennen muß, daß nichts von diesem Konzept der Wirklichkeit entsprochen hat. Im letzten

Kapitel des Romans (Siebenter Tag. Nacht) läßt Eco William fast am Ende sagen: »Die Ordnung, die unser Geist sich vorstellt, ist wie ein Netz oder eine Leiter, die er sich zusammenbastelt, um irgendwo hinaufzugelangen. Aber wenn er dann hinaufgelangt ist, muß er sie wegwerfen, denn es zeigt sich, daß sie zwar nützlich, aber unsinnig war.«

In letzter Konsequenz heißt dies, daß es keine sichere Wahrheitserkenntnis mehr gibt und geben kann. Es bedeutet auch, daß es in der Welt keine Ordnung gibt, daß alles Suchen der Menschen nach diesem geheimen göttlichen Plan, der alles leiten soll, ohne Erfolg bleiben muß. Die Menschen aber verweigern sich dieser Einsicht, wie es Eco seine Hauptfigur am Ende des Romans *Das Foucaultsche Pendel* über den Großen Plan sagen läßt: »Ich habe alles begriffen. Und die Gewißheit, daß es da nichts zu begreifen gab, müßte meine Zufriedenheit und mein Triumph sein. Doch ich bin hier, der ich alles begriffen habe, und sie suchen nach mir, weil sie meinen, ich sei im Besitz der Offenbarung, die sie dumpf begehren. Es genügt nicht, begriffen zu haben, wenn die anderen sich weigern und weiter bohren. Sie suchen nach mir, sie müssen meine Spuren in Paris gefunden haben, sie wissen, daß ich jetzt hier bin, und sie wollen noch immer die Karte. Und ich kann ihnen sagen, sooft ich will, daß es die Karte nicht gibt, sie werden sie immer wollen.«[14]

Von diesem sich ausbreitenden Atheismus ist auch die christliche Theologie nicht unberührt geblieben. Sie hat in immer neuen Anläufen versucht, sich damit auseinanderzusetzen, und dies hat sie selbst nachhaltig beeinflußt. Wenn auch kaum jemand soweit gegangen ist wie die Theologin Dorothee Sölle mit ihrer Vorstellung, daß man »atheistisch an Gott glauben« könne, so ist die Theologie heute – vor allem im Protestantismus – durch die Atheismusdiskussion so stark geprägt, daß ein Gespräch von protestantischen Theologen mit Muslimen bezüglich der Gottesfrage zum Problem geworden ist, wie es Ralf Geisler ohne Schönfärberei sagt:

»Aufgrund anderer historischer Konstellationen ist die islamische Theologie bisher nicht gedrungen worden, eine atheistische Religionskritik als theologisches Problem in ihre Theoriebildung zu integrieren. Das hat für den christlich-islamischen Dialog eine gewichtige Konsequenz. Auch ohne die inkarnations- und trinitätstheologischen Spezifika des christlichen Gottesbildes in Anschlag zu bringen (denen gleichwohl eine zentrale Bedeutung außerhalb der neuzeitlichen Konstituierung des Glaubens zukommt und die bei einer differenzierten inhaltlich-theologischen Analyse die hier angedeuteten Divergenzen zu dem islamischen Gottesbild noch erheblich verstärken würden), wird man davon ausgehen müssen, daß sich hinter solchen vordergründigen phänomenologischen Übereinstimmungen im Glaubensbestand von Christentum und Islam wie ›Gott als Schöpfer‹ und ›Gott als Richter‹ fundamental differente Glaubensvorstellungen, jedenfalls zwischen ›kritischen‹ europäischen Christen und der Mehrzahl aller Muslime verbergen.«[15]

Die Aussage verweist auf einen Tatbestand, der oft, wenn es um Theologie geht, übersehen wird: Auch Theologien sind Kinder ihrer Zeit und nicht einfach theoretische Entwürfe mit zeitloser Gültigkeit.

Der philosophische Atheismus lehrt – wie hier gezeigt wurde – die Nichtexistenz Gottes, aus der in vielen Varianten eine deutliche Stärkung des Menschen, ein Humanismus abgeleitet worden ist. Bereits bei Feuerbach war diese Konsequenz ersichtlich. Sie hatte ihre Vorläufer in der französischen Philosophie sowie in der deutschen Aufklärung. Ihren ersten sichtbaren Ausdruck hat sie in der »Erklärung der Rechte des Menschen und Bürgers« während der Französischen Revolution von 1789 gefunden. Es ist jene Erklärung, auf der die Erklärung der Menschenrechte der Vereinten Nationen fußt und durch die dem Menschen eine zentrale Bedeutung mit klar definierten Rechten zukommt. Die katholische Kirche hat die »Erklärung der Rechte des Menschen und Bürgers« über lange Zeit bekämpft, auch im Protestantismus gab es zahlreiche Stimmen, die solchen Erklärungen gegenüber ebenso skeptisch eingestellt waren wie gegenüber dem Konzept eines puren Humanismus überhaupt. Doch auch in dieser Frage ist später eine andere Haltung erkennbar geworden. Zuerst hat es im Protestantismus Plädoyers für einen christlichen Humanismus gegeben, dann folgten solche von katholischer Seite. Die pointierteste Position vertritt auch hier wieder Dorothee Sölle.

»Dabei versteht sich ein so gearteter Humanismus als die radikalste Konsequenz des christlichen Inkarnationsglaubens, insofern er diesen auf eine religionsgeschichtlich wohl einzigartige Weise zu beerben versucht. Angestoßen von der in Jesus behaupteten Menschwerdung Gottes und der damit verbundenen göttlichen Anerkennung und Aufwertung des Menschseins überhaupt hat dieser Humanismus insofern eine Vergöttlichung des Menschen betrieben, als nun nicht mehr Gott dem Menschen heilig ist, sondern der Mensch dem Menschen heilig ist. Diese zwar vom menschgewordenen Gott initiierte, in der Konsequenz aber ohne diesen Gott auskommende ›Vergöttlichung von Menschen‹ wird im Thema mit einem Wort von Dorothee *Sölle* angedeutet, in dem es heißt: Gott wird immer mehr Mensch – anders gesagt: Gott wird im Menschen überhaupt gefunden; der Mensch selbst wird zum Ort der Transzendenz in betonter Weltlichkeit, in einem atheistisch-humanistischen Konzept.« [16]

In diesem Falle wie in vielen anderen wird offenbar, daß sich in der wissenschaftlichen Theologie jeweils viel von dem niederschlägt, was in der wissenschaftlichen Landschaft im allgemeinen diskutiert wird.

Zu den großen wissenschaftlichen Leistungen des 19. Jahrhunderts zählen bahnbrechende Forschungen in der Geschichtswissenschaft und Philologie, die durch Textfunde und archäologische Ausgrabungen unser Wissen über die Vergangenheit beträchtlich erweitert haben. Vor allem mit Blick auf den Alten Orient und die hellenistisch-griechische Zeit wurden neue Erkenntnisse gewonnen, die dazu führten, daß die Texte der Bibel im Lichte ihres historisch-lebensgeschichtlichen Kontextes fragwürdig wurden und historisch-kritische Forschungen einleiteten, die sich nicht mehr dem frommen Diktat der Texte als Gottes Wort unterwarfen, sondern diese Texte nach allen Regeln der wissenschaftlichen Methodenlehre untersuchten. Das Ergebnis dieser Forschungen war die Entdeckung vieler Ungereimtheiten in den biblischen Schriften, die kritisch überprüft werden mußten. Es versteht sich von selbst, daß die Kirchen diese Art von Forschung mit Sorge sahen und in ihr einen Angriff auf die Glaubenswahrheiten witterten. Der Konflikt spitzte sich so zu, daß in der katholischen Kirche diese modernistische Forschungsrichtung von Rom aus verboten wurde und ab 1910 jeder Professor der katholischen Theologie den sog. »Antimodernisteneid« ablegen mußte, in dem er bestimmte Forschungsergebnisse strikt ablehnte. Erst 1965 wurde dieser Eid – dem realen Wissensstand folgend – wieder abgeschafft. Im Protestantismus gab es eine ähnliche Auseinandersetzung um die Forschungsergebnisse der sog. Religionsgeschichtlichen Schule, deren Vertreter als Theologen an der Universität Göttingen tätig waren.[17] Der Kampf gegen sie wurde teilweise so heftig geführt, daß bis heute viele protestantische Theologen deshalb ein gebrochenes Verhältnis zur Religionsgeschichte bzw. Religionswissenschaft als Fach haben. Zuzugeben ist, daß aus heutiger Sicht sowohl die katholischen Modernisten als auch die Vertreter der Religionsgeschichtlichen Schule manches überinterpretiert oder überzogen gesehen haben, was heute sehr viel differenzierter klingt. Dazu gehören auch die naiven rationalen Erklärungsversuche der Wunder Jesu, wie sie in der Leben-Jesu-Forschung des 19. Jahrhunderts unternommen wurden.

Von bleibender Bedeutung für unsere heutige Wissenschaft ist, daß die fünf Bücher Mose der Hebräischen Bibel nicht mehr als von Mose selbst verfaßt angesehen werden, sondern daß sie als literarische Komposition späterer Zeiten gelten, in die unterschiedliches Erzählgut eingeflossen ist. Gleiches gilt für die Evangelien des Neuen Testamentes. Erst durch die historisch-kritische Forschung war es möglich geworden zu erkennen, welche historischen Ungereimtheiten sich beim Vergleich der einzelnen Evangelien ergeben. Alles, was oben (vgl. Kap. 2) an Problemen aufgelistet wurde, fußt auf dieser Art von Forschung, die heute aus der Exegese (Bibelauslegung) als Fach in Theologischen Fakultäten nicht mehr wegzudenken ist, katholischen wie evangelischen. Es ist deshalb nicht übertrieben zu sagen, daß die Auseinandersetzung mit der historisch-kritischen Methode zu ihrer vollständigen Übernahme in die Theologie geführt hat.

Die historisch-kritische Forschung hat deutlich gemacht, daß die synoptischen Evangelien (Matthäus, Markus, Lukas) einem gleichen Aufbauplan folgen und sich dadurch deutlich vom Evangelium nach Johannes unterscheiden (vgl. Kap. 2). Die erstellten Synopsen zeigen diesen Aufbau, der in seiner Grundstruktur bei Markus greifbar ist, und die charakteristischen Unterbrechungen dieses Aufbaus durch Einschübe bei Matthäus und Lukas. Ein Vergleich der Einschübe miteinander hat zudem gezeigt, daß viele Verse übereinstimmen. Da die übereinstimmenden Verse immer nur Aussprüche Jesu wiedergeben, vermutet man, daß es eine Sammlung von Aussprüchen Jesu, also von Logien (von griech.: lógion = Ausspruch) gegeben habe, die Matthäus und Lukas bekannt war und aus der sie zitiert haben. Die Forschung geht daher heute davon aus, daß Matthäus und Lukas zwei Quellen als Vorlage für ihre Evangelien benutzt haben: das Evangelium nach Markus und die vermutete Logien-Quelle, die man in der Fachliteratur Q (= Quelle) nennt. Hinzu kommt bei Matthäus und Lukas noch jeweils Sondergut wie etwa die Geburtsgeschichte, die in dieser Form immer nur von einem der beiden erzählt wird. Für das Evangelium nach Johannes gilt, daß es mehrfach auf das Abendmahl Jesu verweist (z.B. 6, 26 f.), ohne daß in dem Evangelium selbst ein Bericht darüber bezüglich des letzten Abends mit den Jüngern zu finden ist. Man vermutet aufgrund dieser und manch anderer Tatsache, daß das Evangelium nach Johannes erst nach den anderen geschrieben worden ist. Daraus entsteht das heute weitgehend akzeptierte Zeitschema: Zuerst wurde das Evangelium nach Markus verfaßt, zuletzt das nach Johannes und zwischenzeitlich die nach Matthäus und Lukas.

Beim Vergleich der Evangelien mit den Paulusbriefen ergibt sich, daß die Evangelien aller Wahrscheinlichkeit nach später als die ersten Paulusbriefe geschrieben wurden. Vor allem die Voraussagen über die Zerstörung des Tempels in Jerusalem in den Evangelien nach Matthäus (24, 1 f.) und Lukas (21, 5 f.) lassen die Forscher vermuten, daß hier nicht prophetische Schau, sondern die konkrete Erinnerung an das Eingetretene (vielleicht auch bei Markus 13, 1f.) derart präzise Fromulierungen hervorgebracht hat. Sie datieren daher das Evangelium nach Matthäus und Lukas in jedem Falle nach 70 nach unserer Zeitrechnung. All diese Datierungsversuche beruhen auf einer Fülle von Vermutungen und Annahmen, die zusammengenommen die vorgeschlagene Entstehungszeit ergeben. Bereits geringfügige Änderungen der

Vermutungen über den historischen Ablauf und die Entwicklung des nachösterlichen Christentums können zu ganz anderen Theorien und Datierungen führen, wie Robinson im letzten Kapitel seines Buches *Wann entstand das Neue Testament?* eindrücklich vorgeführt hat.

Der Hinweis auf die prophetische Schau als Grund für Vorhersagen legt ein Kernproblem der historisch-kritischen Forschung im Umgang mit sog. »heiligen Texten« offen. Sie werden behandelt wie jeder andere (profane) Text. Inspirationen oder Offenbarungen aufgrund göttlicher Mitteilung werden nicht als Erklärungen für noch offene Fragen zugelassen. Was Peter Berger den »methodischen Atheismus« im forschenden Vorgehen der Wissenschaft nennt, hat auch für den Umgang mit »heiligen Texten« in der Wissenschaft oberste Priorität. Von daher besteht für die wissenschaftliche Forschung eine Art Methodenzwang, wie es Paul Feyerabend in seinem Buch *Wider den Methodenzwang* nennt. Er läßt metaphysische Erklärungen für berichtete Tatbestände (z.B. Wunder, Prophezeiungen) gar nicht zu und steht – was vor allem christliche Fundamentalisten dieser Art von Bibelforschung vorwerfen – von vornherein zur religiös geglaubten Wahrheit in einem prinzipiellen Widerspruch.

Die Theologie hat, seit sie die moderne historisch-kritische Methode für die Bibelauslegung übernommen hat, ihr Bild von Jesus und der Jesus-Bewegung sowie von der Entwicklung der Kirche nach dem Osterereignis grundlegend verändert. Sie hat die modernen Wissenschaftsmethoden voll integriert und sich auch an deren Prämissen gehalten. Der Widerstand dagegen gilt als wissenschaftlich nicht ernst zu nehmen und als Beweis für eine fundamentalistische Grundhaltung, die sich einer rationalen Diskussion entzieht. Von allen Aspekten der Religionskritik ist somit die historisch-kritische Methode die erfolgreichste gewesen, wenn man Erfolg an der Rückwirkung auf die Theologie mißt.

Die Psychoanalyse

Die Psychoanalyse von Sigmund Freud (1856–1939) beinhaltet eine Religionskritik, mit der sich bis heute viele Christen (einschließlich der Theologen) schwertun. Sie beruht auf der Erkenntnis, daß der Mensch nicht »Herr im eigenen Hause« ist, d.h., daß er nicht nur willensgesteuert, sondern vielfach auch durch seine Triebe in seinem Verhalten bestimmt ist. Daraus folgt, daß Menschen nicht immer für das verantwortlich zu machen sind, was sie tun. Davon ist die Religion nach Freuds Auffassung in doppelter Hinsicht betroffen: zum einen weil nicht alles schuldhaftes Vergehen ist, was Regelverletzung bedeutet, und zum anderen weil das Bedürfnis der Menschen nach religiöser Betätigung (z.B. zu beten) aus psychologischer Sicht als ebenso zwanghaft interpretiert werden kann wie das Verlangen anderer Menschen, sich ständig zu waschen. Freud spricht in diesem Zusammenhang von der Religion als Zwangsneurose, weil sie – wie der übertriebene Putztrieb – zwanghafte, neurotische Formen annehmen kann. Erschwerend wirkt sich bei dieser Form von Religionskritik aus, daß Freud unterschiedliche Beobachtungen zum Thema Religion vorgetragen und keine konsistent durchgehaltene Religionstheorie formuliert hat. Vieles scheint dabei auf momentane Einfälle zurückzugehen und ist auch später von ihm wieder fallengelassen worden. Hinzu kommt, daß Freud für alle psychischen Störungen frühkindliche Sexualitätskonflikte verantwortlich gemacht hat, was der Freud-Schüler Carl Gustav Jung (1875–1961) als zu einseitig ablehnte. Er machte neben Sexualproblemen noch andere Störfaktoren geltend.

Der psychologisch begründete, oft sehr lockere Umgang mit Regelverstößen, die starke Betonung der frühkindlichen Sexualitätskonflikte für die Entwicklung des Menschen und die Vorstellung von Religion als Zwangsneurose haben die christlichen Kirchen lange zögern lassen, sich mit Freuds Psychoanalyse zu beschäftigen. Man befürchtete, daß diese Art von Tiefenpsychologie ein Freibrief für unkontrollierte Sexualphantasien und die Legitimation dafür sein könnte, das, was man bislang als Sünde angesehen und deshalb gemieden hat, nun als erlaubt und für die psychische Entwicklung des Menschen förderlich zu erklären. Die Beschäftigung mit der Tiefenpsychologie führte nämlich schnell dazu, in der Religion und im christlichen Glauben eine Art »Über-Ich« zu sehen, das nicht wenige Menschen an der Entwicklung des eigenen Ich hindert. In diesem Zusammenhang wurde es dann modern, von Neurosen zu sprechen, die durch die Kirche und ihre Lehre ausgelöst werden (die sog. »ekklesiogenen Neurosen«). Es scheint, daß der Aufforderung der christlichen Kirchen, das Gute zu tun und das Böse zu lassen, in der Freudschen Tiefenpsychologie insofern eine unüberwindbare Kritik erwachsen ist, als durch sie die Frage, was gut und böse sei, zu einer relativen, weil für die einzelnen Menschen jeweils anders zu beantwortenden Bezugsgröße geworden ist. Damit ist die christliche Auslegungskompetenz in Sachen Moral relativiert, Gut und Böse an sich scheint es demnach nicht zu geben, sondern nur das für mich gerade Gute oder Böse, was jede Allgemeingültigkeit von Moral untergräbt und viel Offenheit für Situationsethiken schafft. Die christlichen Kirchen haben bis heute Schwierigkeiten, sich darauf positiv einzulassen. Die am weitesten gehende Übernahme Freudscher Ansätze geschieht im theologischen Werk von Eugen Drewermann, der – von Haus aus katholischer Theologe – eine psychoanalytische Ausbildung durchlaufen und eine Beratungspraxis eröffnet hat, die nach dem Ausweis des Buches *Kleriker. Psychogramm eines Ideals* offenbar von zahlreichen Priestern und Ordensleuten besucht wird. Ihnen allen versucht Drewermann die Grundaussagen des christlichen Glaubens als innere Befreiung und Jesus als Befreier nahezubringen. Seiner Meinung nach sind alle großen Religionen und poetischen Träume der Menschheit, wie sie in den heiligen Büchern, der Dichtung und den Sagen niedergelegt sind, darauf angelegt, zu dieser Befreiung anzuleiten. Moralisierende Interpretationen, die in allen Religionen anzutreffen sind, gehen nach Drewermann auf spätere Auslegungen zurück, die nicht mehr vom ursprünglichen Geist der Freiheit durchwirkt, sondern darauf aus sind, Menschen zu binden, statt sie zur vollen Entfaltung ihres Seins zu führen.

Durch Drewermann hat somit die Psychoanalyse Freuds eine theologische Akzeptanz erfahren, die sicherlich nicht die einzig mögliche Antwort auf diese Art von Herausforderung an die Theologie bleiben wird. Dank dieses Lösungsansatzes aber kann abschließend zum Thema Religionskritik insgesamt gesagt werden, daß sie in unterschiedlichen Bereichen relevant geworden und in keinem dieser Bereiche ohne nachhaltige Rückwirkungen auf die Theologie als solche geblieben ist. Viele Neuansätze in der Theologie hängen daher ursächlich mit der Religionskritik zusammen und haben die Theologie als solche verändert. Es wäre allerdings überzogen zu sagen, daß es ohne diese Religionskritik keine Neuansätze gegeben hätte. Einige sind nämlich aufgrund anderer Herausforderungen entstanden und keineswegs weniger wichtig als die zuvor genannten. Diesen gilt nun die Aufmerksamkeit.

Interpretative Neuansätze in der Gegenwart

Interpretative Neuansätze entwickeln sich nicht nur aus Religionskritik, sondern können vielfältige Ursachen haben. Sie entstehen jedoch so gut wie nie ohne einen konkreten Anlaß und sind von daher ebenso kontextbezogen wie die theologischen Antworten auf die Religionskritik.

Der in Europa vielleicht am wenigsten beachtete Neuansatz ist der Versuch einer Kontextualisierung oder Inkulturation der Botschaft im außereuropäischen Kontext. Es ist im Prinzip schon ein altes Anliegen, das seit der Jesuitenmission in China und Indien bekannt ist und unter dem Stichwort »Ritenstreit« in die Kirchengeschichte eingegangen ist. Dahinter verbirgt sich das Bemühen der Jesuiten, Vorstellungen der Chinesen und Inder in die Praxis und Lehre des Christentums einzubeziehen, um den dortigen Menschen die christliche Lehre als Erfüllung ihrer Erwartungen nahezubringen. Der damit verbundene Konflikt mit den Franziskanern und Dominikanern, die sich jeglicher Form von Akkomodation widersetzten, dauerte ein Jahrhundert an und führte in Rom zu unterschiedlichen Stellungnahmen, die schließlich 1742 mit einem kategorischen Nein Roms zur jesuitischen Missionierungsweise endeten. Erst Ende des 19. Jahrhunderts entstand in Indien wieder ein ähnlicher Ansatz. Dieser geht auf Brahmobandhav Upadhyaya (gest. 1907) zurück, der – ursprünglich Anglikaner und stark vom Neohinduismus beeinflußt, dann zur katholischen Kirche übergetreten – entschieden für die Ansicht kämpfte, daß Jesus in Indien als die Erfüllung der Upanishaden dargestellt werden müsse, und deshalb eine Art »Christopanishad« forderte. Auch für die Trinität schlug er eine indische Terminologie vor: saccidananda, ein Begriff, der aus sat (= Sein, christl.: der Vater), cit (= Wissen, christl.: lógos, also der Sohn) und ananda (= Glückseligkeit, christl.: der Heilige Geist) gebildet und von dem neohinduistischen Denker Keshub Sandra Sen (gest. 1884) als hinduistische Parallele der christlichen Trinitätslehre gegenübergestellt wurde. Nach Brahmobandhav Upadhyaya galt es, dieses Gedankengut aufzugreifen und die christliche Botschaft entsprechend den hinduistischen Erwartungen neu und kontextbezogen zu formulieren. Das hier vorgeschlagene Verfahren ist historisch mit dem der Evangelien vergleichbar, die im hellenistisch-griechischen Milieu sehr viel stärker den »sôtêr« (Heiland) und »kyrios« (Herrn) als den von niemandem dort erwarteten Messias zum Mittelpunkt der Verkündigung machten. Entsprechend ist es in Indien notwendig zu fragen, welche Erwartungen durch die religiösen Texte Indiens ausgedrückt werden, und zu prüfen, inwieweit die christliche Verkündigung hier ein entsprechendes Angebot unterbreiten kann. Brahmobandhav Upadhyayas Forderung blieb zunächst unerfüllt. Sie wurde erst im 20. Jahrhundert wirklich aufgegriffen, und zwar zunächst durch die Kunst, dann durch die Liturgie und schließlich durch die Theologie. Auf diese Weise findet man seit den zwanziger Jahren Marien- und Jesusdarstellungen (einschließlich der Weihnachtskrippe), die alle Dargestellten in China mit chinesischem Gesicht oder in Afrika als Schwarze bzw. in Lateinamerika mit typisch indianischen Gesichtszügen präsentieren. In zunehmendem Maße finden sich ab der Mitte der sechziger Jahre lokale Gewänder, Tänze und Gesänge im liturgischen Gebrauch, und schließlich wird die Forderung nach einer Kontextualisierung der Theologie immer lauter.

Problematisch wird diese Entwicklung dort, wo die sichtbare Einheit der Feier selbst berührt wird, wenn etwa die Feier des Abendmahles in Thailand so diskutiert wird, daß statt Brot und Wein der landesüblichen Ernährungstradition folgend Reis und Tee genommen werden sollen, was die meisten dortigen Kirchenleitungen heute als zu weit gehende Adaptation an Landessitten ablehnen. Statt dessen bestehen sie auf der Erinnerung an das letzte Abendmahl Jesu unter Verwendung von Brot und Wein. Noch problematischer erscheint heute die einseitige Bezugnahme auf die klassische Tradition des Landes insofern, als keine Monokultur mehr besteht, da in außereuropäischen Ländern Traditionelles und Modernes nebeneinander existieren. Es gilt zu prüfen, mit wieviel Rücksicht auf die Tradition des Kulturkreises die christliche Lehre verankert werden kann, ohne daß aus Nostalgie die Gegenwart und die Zukunft, d.h. die Moderne insgesamt, ausgeblendet werden. Von großer Wichtigkeit ist hierbei die Wahl der Sprache, durch die die Botschaft zum Ausdruck gebracht wird. Ist – wie etwa an den meisten indischen Universitäten – Englisch offizielle Unterrichtssprache, so fällt christliche Terminologie relativ leicht: Man spricht etwa ganz selbstverständlich von »Schöpfung« (creation), und »Bewahren der Schöpfung« kann als Auftrag formuliert werden. In den indischen Sprachen ist dies nicht so einfach, weil der Kreislauf der Wiedergeburten (sansara) als in sich unendlich vorgestellt wird. Mit Blick auf die Verwendung des Arabischen in der Theologie stellt sich die Frage, wieviel Islamisches übernommen werden kann und soll. Dies ist sowohl eine Frage des Taktes, wenn man den Muslimen ihre religiöse Sprache nicht wegnehmen will, als auch ein inhaltliches Problem, das sich konkret schon bei der arabischen Terminologie für Jesus zeigt. Die Christen verwenden gewöhnlich »Yasu'a«, die Muslime aber den im Koran vorkommenden Namen »'Isa«, womit sie eine Sichtweise verbinden (vgl. den Abschnitt »Jesus im Islam«), die deutlich von der der Christen abweicht.

Die Umsetzung der Forderung nach Inkulturation beinhaltet eine Vielzahl von Entwürfen, die logischerweise von Kontext zu Kontext variieren müssen und selbst innerhalb eines jeden

Kontextes kontrovers diskutiert werden. Sie sind häufig Teil der sog. Dritte-Welt-Theologien, deren Unterschiede zur europäischen Theologie in vielen Fällen kulturell bedingt sind, sie können aber auch politische Gründe haben, wie dies bei der sog. Theologie der Befreiung der Fall ist.

Theologie der Befreiung ist der Titel eines Buches von Gustavo Gutiérrez, der inzwischen als Sachbezeichnung für einen theologischen Neuansatz steht, welcher seit zwei Jahrzehnten die theologische Kontroverse zwischen der lateinamerikanischen Theologie einerseits und der Deutschen Bischofskonferenz sowie dem Vatikan andererseits bestimmt. Grundanliegen dieser Theologie ist es, dem Menschen in seiner konkreten historischen Befindlichkeit klarzumachen, daß Gott und speziell Christus jeden Menschen liebt und als Kind Gottes annimmt. Dies gilt für alle, insbesondere auch für die, die sich tagtäglich als gesellschaftlich Ausgegrenzte wie Nicht-Menschen fühlen. Auch sie sollen zur Freiheit der Kinder Gottes geführt werden. Diese Befreiung – so lehrt die Befreiungstheologie in all ihren Varianten – ist nicht auf ein jenseitiges Heil alleine ausgerichtet, sondern vollzieht sich bereits hier auf Erden durch eine Art »Umdenken« mittels neu geschaffener Strukturen, die als Gegenmodell zur sündigen Welt die endgültige Heilszeit der Erlösung vorwegnehmen. Sünde wird daher nicht auf das individuelle Fehlverhalten einzelner Menschen reduziert, sondern in ihrer sozialen Ausweitung mit allen Konsequenzen gesehen und beschrieben. Konkret kann daher Gutiérrez folgern: »Sünde wird greifbar in unterdrückerischen Strukturen, in der Ausbeutung des Menschen durch den Menschen, in der Beherrschung und Versklavung von Völkern, Rassen und sozialen Klassen. Sünde erscheint so vielmehr als fundamentale Entfremdung und Wurzel einer Situation, die durch Ungerechtigkeit und Ausbeutung gekennzeichnet ist.«[18] Die Auslegung zeigt, wie hier religiöse Tatbestände und politisch-ökonomische Analysen zusammenwirken; sie läßt begreifen, weshalb vor allem die Deutsche Bischofskonferenz auf die stark am Marxismus orientierten Beschreibungsmuster mit scharfer Ablehnung reagierte, solange das Erlösungswerk Christi in diesem Sinne nur als radikales Befreiungsgeschenk begriffen wird, »das Christus bringt. Durch seinen Tod und seine Auferstehung erlöst er den Menschen von der Sünde und all ihren Folgen«, so Gutiérrez.[19] Er faßt die Botschaft folgendermaßen zusammen: »In Christus und kraft des Geistes gelangt der Befreiungsprozeß mit all seinen Aspekten zu seinem vollen Sinn.«[20] In dieser Perspektive der Befreiung wird Jesus zum neuen Moses, der sein Volk aus dem Sklavenhaus Ägyptens befreit hat. Das Weltwirtschaftssystem des Kapitalismus wird als *Teufels*kreis von Sachzwängen entlarvt, dessen Grundausrichtung sündhaft im oben beschriebenen Sinne ist und nur durch Umdenken (metanoia), eine radikale Befreiung zerschlagen werden kann. Nur die Hinwendung zu Jesus verschafft diese *Heil*ung und gewährt schon auf Erden partiell, was durch den neuen Himmel und die neue Erde am Ende der Zeiten einmal für alle Wirklichkeit werden soll. Auf diese Weise wird auch die Gemeinschaft der Gläubigen, d.h. die Kirche, zum Gegenstrukturmodell für die sündige Welt.

Es bedarf keiner großen Phantasie, um zu erkennen, welche Systemkritik an der real existierenden Kirche in einer solchen Theologie der Befreiung steckt, und um zu begreifen, daß diese Forderungen nicht überall begeistert aufgegriffen, sondern vielfach zurückgedrängt und bekämpft worden sind. Vor allem die multinationalen Konzerne wittern hinter dieser Art von Theologie nicht selten eine religiös verbrämte marxistische Wirtschaftskritik und drängen darauf, der Befreiungstheologie ihre Einflußsphären zu beschneiden. Sie fördern statt dessen andere Religionen sowie protestantische Gruppierungen, die lehren,

Religion solle keine Politik betreiben. Das Grundanliegen der Befreiungstheologie wie die Reaktion auf diese zeigen, daß diese Art von Theologie Teil des weiten Feldes der sog. politischen Theologie ist. Je nach Kontext können dazu noch kulturspezifische Elemente kommen, wie dies etwa für die Bauern-Theologie auf den Philippinen oder die sog. Dalit-Theologie in Indien gilt, die als regionale Varianten der Befreiungstheologie mit ganz spezifischen lokalen Anliegen angesehen werden können.

Einen ganz anderen interpretativen Neuansatz stellt die sog. feministische Theologie dar. Sie ist die theologische Folge eines gesellschaftlichen Umdenkungsprozesses, der zu mehr Gleichstellung zwischen den Geschlechtern in der Gesellschaft geführt und auf sprachliche Vorherrschaft männlicher Ausdrucksweisen hingewiesen hat. Folglich konnte eine feministische Prüfung der Bibel sowie der christlichen Lehrtradition und Alltagspraxis nicht ausbleiben. Als erstes Ergebnis wird diesbezüglich festgestellt, daß Gott und Jesus Christus traditionell männlich verstanden werden und somit Frauen kaum ein Identifikationsmuster anbieten. Demgegenüber wird in dieser Theologie, die manchmal auch der Femininformen wegen Theasophie genannt wird, darauf hingewiesen, daß Gott den Menschen als Mann und Frau »als sein Abbild« erschaffen hat (1. Mose 1, 27). Man sieht im biblischen Vergleich Gottes mit einer Mutter (Jesaja 49, 15) ebenso einen Hinweis auf die mütterlich-weiblichen Züge Gottes wie in der Rede vom Geist Gottes (»Geist« ist im Hebräischen feminin) und von der Barmherzigkeit Gottes, weil die hebräische Wurzel dieses Wortes auf den Mutterschoß hinweist. All dies macht deutlich, daß es bei der sog. feministischen Theologie nicht nur um eine kosmetische Korrektur einiger männlicher Attribute in Kult und Gotteslehre, sondern um eine Revision des Gottesbildes geht. Hinzu kommt, daß Untersuchungen zum Umgang Jesu mit Frauen gezeigt haben, daß Jesus sehr verständnisvoll und zuvorkommend mit ihnen umging und daß Frauen in seinem Leben eine große Rolle gespielt und ihn im übrigen in seinen schwersten Stunden der Passion und Kreuzigung – anders als die Männer in seiner Gefolgschaft – nicht im Stich gelassen haben. Auch nach der Auferstehung ist er zuerst Frauen erschienen.

Umstritten ist bis heute, welche Rolle Jesus Frauen in der Leitung der christlichen Gemeinden zugedacht hat. Der Verweis auf die uns bekannte Tradition reicht hierfür nicht aus: Die Diskussion hat nämlich neue Sichtweisen für die Praxis des Christentums der ersten Generationen eröffnet und damit das Traditionsargument, daß es noch nie geistliche Ämter für Frauen gegeben habe, in Frage gestellt. Besonders die Briefe des Völkerapostels Paulus enthalten diesbezügliche Hinweise. In diesen Schriften begegnen uns zahlreiche weibliche »Mitarbeiter in Christus Jesus« (Römer 16, 3: Priska), »Mitkämpferinnen für das Evangelium« (Philipper 4, 2f.: Evodia und Syntyche) oder »sich Abmühende im Herrn« (Römer 16, 12: Maria, Tryphanaea, Tryphosa, Persis) sowie weibliche Diakone (Römer 16, 1f.: Phoebe), Leiterinnen von Hauskirchen (Kolosser 4, 15: Nymphia; Römer 16, 3–5: Priska mit ihrem Mann Aquila) und sogar ein weiblicher Apostel namens Junia (Römer 16, 7). Die Diskussion um die gleichen Befähigungen und Rechte von Frauen und Männern innerhalb der Kirchen ist daher heute in vollem Gange. Vielleicht ist auch das, was Günther Schiwy *Abschied vom allmächtigen Gott* genannt hat, als Folge dieser stärkeren Betonung des mütterlichen Gottes zu sehen, denn offenbar hat Gott nicht alles in der Hand und kann nicht alles nach seinem Willen geschehen lassen, sondern muß auch Ungerechtigkeit und Bösheit in der Welt hinnehmen. Das Bild vom »leidenden Gottesknecht« scheint daher der Theologie nach Auschwitz angemessener zu sein als der Gott der Philosophen, der als Allherrscher seine Befehle gibt und Gehorsam erwartet.

Der Hinweis auf die Theologie nach Auschwitz bringt noch einen letzten interpretativen Neuansatz in den Blick, nämlich den jüdischen Beitrag zur Jesus-Forschung. Obwohl dieser ins nächste Kapitel gehört, ist hier der Ort, auf die christliche Antwort auf diese Art von Forschung hinzuweisen. Sie thematisiert Jesu Jude-Sein, insbesondere in Auseinandersetzung mit jüdischen Forschern. Sie wirkt wie eine Innenrevision der dogmatischen Entwicklung von frühchristlicher Zeit an und öffnet auf diese Weise zugleich den Blick über das Christentum hinaus zu dem großen Bereich: Jesus außerhalb des Christentums.

5. Jesus außerhalb des Christentums

Die Beschäftigung mit Jesus außerhalb des Christentums kann verschiedene Bereiche betreffen: Es kann hier – wie im folgenden – die Stellung Jesu im Judentum, Islam und Hinduismus behandelt werden; es könnten aber auch die Aussagen und Darstellungen zusammengestellt und beschrieben werden, die es über Jesus bei zeitgenössischen Buddhisten, in neuen religiösen Bewegungen (z.B. Vereinigungskirche von Reverend Moon), in den Schriften atheistischer Autoren sowie in der modernen Kunst, im Musical oder im Film gibt. Die Beschränkung auf die drei ausgewählten Religionen hat ihren Grund einerseits in Jesu Herkunft (Judentum) und andererseits in der langen Auseinandersetzung mit ihm, die im Islam von Anbeginn an besteht und im Hinduismus doch immerhin seit fast zwei Jahrhunderten andauert.

Jesus im Judentum

Die vorangehenden Kapitel haben gezeigt, wie aus der ursprünglich jüdischen Jesus-Bewegung durch das Osterereignis und seine Folgen eine neue Religion: das Christentum geworden ist, das sich bei der Ausformulierung seiner Lehre sehr stark am hellenistisch-griechischen Denken orientierte und durch den Verzicht auf die Verpflichtung aller Gläubigen zur Einhaltung des mosaischen Gesetzes den Bruch mit dem Judentum einleitete.

Die Geschichte dieser beiden Formen des biblischen Gottesglaubens war von Anfang an durch Verfolgung gekennzeichnet. Zunächst verfolgten – wie in der Apostelgeschichte gut nachlesbar – die Juden die Christen, dann – vor allem nach der sog. Konstantinischen Wende im 4. Jahrhundert – setzte die Verfolgung der Juden durch die Christen ein. Obwohl es nicht permanent zu Verfolgungen kam, war die Bereitschaft latent doch immer vorhanden und führte in unregelmäßigen Abständen – vornehmlich in Krisenzeiten – zu brutaler Gewalt gegen die Juden. Wo in vergangenen Jahrhunderten Religionsdispute ausgetragen wurden, dienten sie zumindest auf christlicher Seite nicht der Wahrheitsfindung, sondern waren meist Vorwände, den Gegnern argumentative Schwächen nachzuweisen und sie zum Übertritt zum Christentum zu zwingen. Von daher ist es nicht verwunderlich, daß die jüdischen Gelehrten während all dieser Jahrhunderte kaum Neigung verspürt haben, sich mit Jesus historisch auseinanderzusetzen. Dies hat sich im 20. Jahrhundert grundlegend geändert. In diesem Jahrhundert sind mehr Werke jüdischer Autoren über Jesus erschienen als in der gesamten Zeit vorher seit Jesu historischem Auftreten in Palästina.

Allen Werken über Jesus, die von jüdischen Autoren im 20. Jahrhundert (man denke an Autoren wie Martin Buber, Gershom Sholem, Pinchas Lapide) veröffentlicht worden sind, ist dies eine gemeinsam: Die Autoren lesen das Neue Testament und die frühchristlichen Zeugnisse als Juden und finden darin vieles, was ihnen aus ihrer eigenen Tradition vertraut ist, aber von den Christen offensichtlich anders verstanden und interpretiert wird. Die Konsequenz aus dieser Art der Beschäftigung mit Jesus ist, daß Jesus als frommer Jude seiner Zeit neu entdeckt wird. Erst die in Sachen Judentum unerfahrenen Heidenchristen – so folgt aus dieser Argumentationslinie – haben daraus einen am Hellenismus orientierten »sôtêr« (Heiland) und »kyrios« (Herrn) gemacht, der dann vergöttlicht, ja durch das Glaubensbekenntnis von Nizäa Gott gleichgestellt worden sei.

Durch die Wiederentdeckung des Juden Jesus wird das christliche Mißverständnis von seiner Person und Lehre erst richtig offenbar. In diffiziler Kleinarbeit wird dieses Mißverständnis an vielen Details nachgewiesen und gezeigt, wie zum Beispiel das Bild der Pharisäer und auch das der Gesetzespraxis – etwa Todesstrafe bei Gotteslästerung – im Neuen Testament schief gezeichnet wird, so daß die Glaubwürdigkeit des Textes insgesamt fragwürdig erscheint. Um Jesus richtig zu verstehen, sollten sich die Christen erst einmal in einen jüdischen Basisunterricht begeben. Dort würden sie lernen, wie jüdisch Jesus gedacht und gehandelt hat und wie wenig er eigentlich »Christ« gewesen ist. Die Rede vom Mißverständnis gestattet es, auf die christologischen Entwicklungen warnend hinzuweisen, ohne – wie dies der Islam tut – von einer Fehlentwicklung zu sprechen, obwohl der Befund dieser Aussage recht nahekommt.

Jesus im Islam

Der Islam ist unter den großen Weltreligionen neben dem Christentum die einzige, in deren Heiligem Buch direkt von Jesus die Rede ist. Die islamische Theologie und Prophetologie hat sich daher von Anfang an zu ihm geäußert und tut dies bis auf den heutigen Tag. Auch die islamische Mystik kennt und verehrt Jesus als einen großen Propheten, der mit Adam, Noah, Abraham und Mose in einer Reihe steht, die erst durch Mohammed abgeschlossen wird.

Grundkonzept der islamischen Offenbarungsvorstellung ist die Überzeugung, daß Gott den Menschen durch einen Propheten seinen Willen kundtut. Die Menschen merken sich diese Botschaft und reichen sie von Generation zu Generation weiter, wobei diese Überlieferung meist fehlerhaft vonstatten geht. Solche Fehler können durch Erinnerungslücken entstehen, sie können aber auch durch bewußte Abänderungen bedingt sein, weil bestimmte Inhalte der Botschaft als unangenehm empfunden und deshalb korrigiert werden. Daraus entstehende Ungereimtheiten in der überlieferten Botschaft mögen, wenn Lücken bemerkt werden, wieder ausgeglichen werden, ohne daß die Gewähr besteht, daß die Lücke wirklich richtig geschlossen wird. Bisweilen treten neue Gedanken an die Stelle der alten, so daß nach längerer Überlieferungszeit eine Version der Botschaft entsteht, die in manchen Punkten von der ursprünglich vorgetragenen abweicht. Wenn Gott einen neuen Propheten schickt und ihn die ursprüngliche Botschaft wiederholen läßt, so sehen die Anhänger des ersten Propheten in dieser Botschaft etwas Neues, ohne zu bemerken, daß dieses Neue gar nicht den Vergleich dieser Botschaft mit der ursprünglichen, sondern nur mit dem betrifft, was ihnen überliefert worden ist. Infolgedessen wird die Entscheidung zwischen dem Überlieferten und der Botschaft des neuen Propheten zur Glaubensfrage. Einige entscheiden sich für die Botschaft des neuen Propheten, die überwiegende Mehrheit folgt weiterhin dem Überlieferten, weil sie dies für das Ursprüngliche hält. So kommt es zur Glaubensspaltung, die damit noch nicht endgültig abgeschlossen ist, weil das Schicksal, das der ersten Botschaft widerfahren ist, bald auch die zweite ereilt. Auch hier kommt es zu Abweichungen von der ursprünglichen Botschaft, wenn auch an anderen Stellen als im erstgenannten Falle, so daß Gott nach längerer Überlieferungsdauer erneut eingreift und einen weiteren Propheten schickt. Wieder wird die religiöse Gemeinschaft vor die Alternative gestellt: bei der Überlieferung zu bleiben oder dem neuen Propheten zu folgen. Die Spaltung der Gemeinde scheint vorprogrammiert.

Die Situation ändert sich grundlegend auch dann nicht, wenn nach einer längeren Kette von Überlieferern die Botschaft schriftlich festgehalten wird, wie es – nach islamischer Überzeugung – bei den Botschaften der Propheten Moses und Jesus geschehen ist. In beiden Fällen – so behaupten seit Jahrhunderten die Muslime – sind Überlieferungen niedergeschrieben worden, die nicht einfach die wortwörtliche Wiedergabe der Botschaft von Moses oder Jesus gewesen sind, sondern diese im Lichte der Erinnerung an sie gedeutet haben. Was der Koran »Tawrat« (Torah) bzw. »Indjil« (Evangelium) nennt, sind die von Moses bzw. Jesus vorgetragenen Offenbarungen Gottes. Die Hebräische Bibel und speziell die Torah, die fünf Bücher Mose in ihr, sind mehr als die Offenbarung Gottes, und das gleiche gilt von den Evangelien und dem Neuen Testament. Dabei ist für die meisten Muslime bereits die Tatsache verräterisch, daß Jesus eine einzige Offenbarung gebracht hat, das Neue Testament aber davon vier recht unterschiedliche Versionen, die Evangelien, bewahrt hat, so daß sich für die Muslime die Frage stellt, ob die richtige Version überhaupt dabei ist. Sie sind der Auffassung, daß hier eine Schriftverfälschung vorliegt. Die These von der Schriftverfälschung drückt auf negativ bewertende Weise das aus, was oben als Übergang vom verkündigenden Jesus aus Nazareth zum verkündigten Christus des Glaubens (vgl. die Abschnitte »Jesu Leben« und »Die Anfänge der Liturgiegeschichte«) beschrieben worden ist. Die islamische Sicht ist folglich darin mit dem historischen Befund einig, daß die Evangelien nicht einfach die Botschaft des historischen Jesus von Nazareth wiederholen, sondern ihn als den Gekreuzigten und Auferstandenen verkündigen und damit ihn selbst zum Gegenstand der Verkündigung machen. Das halten Muslime für unzulässig und glauben, daß Gott – genau um diesem zu wehren – nach Jesus ein letztes Mal einen Propheten geschickt hat, um an die ursprüngliche Offenbarung zu erinnern. Diese von Mohammed vorgetragene Botschaft ist sofort nach Mohammeds Tod (632 nach unserer Zeitrechnung) schriftlich festgehalten und seither als Heiliges Buch – der Koran – tradiert worden. Überlieferungsfehler sind somit für alle Zukunft ausgeschlossen, weshalb von Mohammed gesagt wird, er besiegele die Reihe der Propheten. Wer Gottes Offenbarung in Reinformat ohne jede Entstellung kennenlernen will, so die muslimische Überzeugung, braucht nur den Koran zu lesen und kennt somit Gottes Wort. Alles, was in vorangehenden heiligen Büchern damit übereinstimmt, ist daher Teil der göttlichen Offenbarung, was davon abweicht, ist Teil der hier erwähnten Verfälschungen. Auf dieser Basis glauben die Muslime sichere Aussagen über Jesus und seine Lehre machen zu können.

Nach dem Ausweis des Korans und in dessen Gefolge nach islamischer Überzeugung war Jesus ein Gesandter und Prophet Gottes, der den Menschen nicht sich selbst, sondern Gott und dessen Willen verkündet hat. Er ist geboren von Maria der Jungfrau. Diese Jungfrauengeburt hebt ihn vor den anderen Menschen hervor, sie ist eine besondere Auszeichnung, aus der aber keine Übernatur Jesu abgeleitet werden darf. Wie Adam ist auch Jesus ohne Vater auf die Welt gekommen, im Unterschied zu Adam aber hatte er eine leibliche Mutter. Wie viele andere Propheten hat auch Jesus während seines irdischen Lebens Wunder gewirkt. Der Koran berichtet dabei sogar von Wundern, die nicht im Neuen Testament stehen, wie zum Beispiel, daß der Jesusknabe bereits in der Krippe gesprochen (Koran 19, 30) oder im Kindesalter von ihm modellierte Tontauben lebendig (Koran 3, 49) gemacht hat. Der Koran nennt Jesus mehrfach »al-masih« (= der Messias) sowie »kalimat Allah«

(= das Wort Gottes), doch sind dies keine Funktionsbezeichnungen, sondern reine Ehrentitel. Was Jesu Lebensende angeht, so sind die Berichte des Korans uneinheitlich. Es scheint, daß angenommen wird, daß statt seiner entweder ein Doppelgänger gekreuzigt wurde oder Jesus überhaupt nicht zum Tod am Kreuze verurteilt wurde. Über den Tod Jesu wird nichts berichtet, so daß auch Berichte über eine Auferweckung Jesu von den Toten fehlen. Eine Erlösung der Menschen von den Sünden durch Jesu Kreuzigung und Auferstehung ist ohnehin nicht erforderlich, weil der Koran zwar – wie die Juden – eine Vertreibung Adams und Evas aus dem Paradies kennt, damit aber keine Erbsündenlehre verbindet, so daß der Mensch im Kern heil geblieben ist und folglich keines Heilandes bedarf. Für viele Muslime ist übrigens der Evangelientext, der der koranischen Sichtweise am nächsten kommt, das Barnabas-Evangelium, dessen Existenz jedoch erst ab dem 16. Jahrhundert nachweisbar und das vermutlich von einem zum Islam übergetretenen Christen verfaßt worden ist.

Aus all dem Gesagten folgt, daß Jesus im Islam ein Prophet ist, dem hohe Verehrung zuteil wird, Gottes Sohn ist er jedoch nicht. Insofern hat G. Lüling recht, wenn er Mohammed für den letzten Vertreter des semitischen Christentums hält, der sich jeder Tendenz kompromißlos widersetzt, die Jesus auf dieselbe Stufe mit Gott heben, ihn zum Gottmenschen und Gott selbst zu einem dreieinigen Gott machen will. Jesus ist ganz auf der menschlichen Ebene angesiedelt, wenn auch deutlich von allen anderen Menschen abgehoben.

Dem entspricht in doppelter Weise das islamische Gottesbild: Zum einen wohnt Gott im unzugänglichen Lichte, er spricht zwar zu den Menschen, offenbart sich, d.h. sein Wesen aber nicht. Niemand hat ihn je gesehen, noch weiß irgend jemand, was er denkt. Nach außen tritt er durch sein Wort, das den

Menschen den rechten Weg weist und Gehorsam verlangt. Zum anderen wird jegliche menschliche Teilhaberschaft an dieser göttlichen Welt strikt abgewiesen. Gott ist Gott, und Theologie ist die Rede von diesem Gott; der Mensch hat hier keinen Ort, es sei denn als Geschöpf. Anders in der christlichen Theologie, wo aufgrund der Inkarnationslehre Gott Mensch wird und damit die Trennungslinie zwischen Gott und Mensch im Gottmenschen Jesus Christus verläuft. Damit ist nicht nur die Perspektive der Menschwerdung Gottes, sondern zugleich auch die der Vergöttlichung des Menschen angesprochen, wie dies bei den Aussagen über Jesus im Hinduismus deutlich zur Sprache kommt.

Jesus im Hinduismus

Die heiligen Bücher Indiens, die Veden und die Upanishaden, wissen nichts von Jesus. Ihre Götter sind andere: Varuna, Mitra, Agni bzw. später Vishnu, Shiva, Brahma, Krishna, Lakshmi, Durga, Kali u.v.a.m. Trotz dieser Vielgestaltigkeit, so lehrt bereits die von vielen Hindus als heilige Schrift angesehene Bhagavad-Gita, wirkt in all diesen Wesen die Gottheit und bewirkt, daß die vielen im Kern doch auf das Eine Göttliche hinauslaufen.

Diese urhinduistische Grundauffassung prägt auch den modernen Hinduismus, der durch die englische Kolonialpolitik direkt mit dem Christentum und der christlichen Mission in Berührung gekommen ist und seit Beginn des 19. Jahrhunderts darauf reagiert hat. Durch die eigene Tradition an die Identifizierung von Göttern mit anderen Göttern (z.B. Vishnu und Shiva) gewohnt, haben die Hindus nach einer Möglichkeit gesucht, Jesus ins eigene System zu integrieren. Zunächst geschah dies mittels der Ethik, indem Ram Mohan Roy 1820 eine Sammlung von Jesus-Zitaten aus den Evangelien unter dem Titel *Precepts of Jesus – the Guide to Peace and Happiness* in Indien als Buch veröffentlicht und Jesus darin als großen Guru für die Menschheit anerkannt hat. Die Reaktion christlicher Missionare in Indien ließ nicht lange auf sich warten. Sie warfen Roy eine Verkürzung des Christentums auf die Ethik vor und betonten den dogmatischen Charakter des christlichen Glaubensbekenntnisses. Es dauerte jedoch noch lange, bis diese Herausforderung indischerseits positiv beantwortet wurde.

Ein Versuch war der von Mahatma Gandhi (1869–1948), der die Gottessohnschaft Jesu prinzipiell akzeptierte, sie jedoch als nichts Außergewöhnliches ansah, wie er im Gespräch mit Frau Emily, einer Christin aus dem Westen, die viele Jahre in Gandhis Ashram (einer Art Kloster) lebte, klar erkennen ließ: »Frau E.: Jesus Christus ist der Sohn Gottes. Gandhi: Wir aber auch. Frau E.: Nein, Er war der *einzige* Sohn Gottes. Gandhi: Hier unterscheiden wir uns. Für Sie war Jesus der einzige Sohn Gottes. Für mich war Er ein Sohn Gottes, wenn auch viel reiner als wir andern alle. Aber jeder von uns ist ein Sohn Gottes und fähig, das zu tun, was Jesus tat, wenn wir nur versuchen, das Göttliche in uns zum Ausdruck zu bringen.«[21]

Dementsprechend konnte der indische Philosoph und spätere Staatspräsident Indiens Dr. Sarvapalli Radhakrishnan (1888–1975) das Herabsteigen Gottes in die Menschheit umdrehen und das Aufsteigen des Menschen zum Stand der Göttlichkeit propagieren. Die Unterscheidung zwischen Göttlichem und Menschlichem ist dabei unbedeutend geworden.

Ein anderer Weg wurde von Swami Akhilananda (1894–1962) beschritten. Er veröffentlichte 1949 in New York das Buch *The Hindu View of Christ*, in dem er die Christologie der Missionare mit der Avatara-Lehre des Hinduismus in Verbindung brachte. Diese Lehre besagt, daß Gott am Anfang die Welt als Ordnung (dharma) aus sich heraus entläßt, im Laufe der Zeit aber die Unordnung einzieht und so sehr zunimmt, daß die Gefahr besteht, dharma (Ordnung) könne in sein Gegenteil a-dharma (Unordnung) umschlagen. Um dies zu verhindern, geschieht eine göttliche Herabkunft (avatara). Der indischen Tradition sind mehrere Erscheinungen solcher Avataras bekannt. Eine endgültige Gesamtzahl für diese Avataras ist durch die Tradition des Hinduismus nicht festgelegt worden. Von daher ist es durchaus möglich, auch Jesus als einen solchen Avatara zu verstehen.

»Hier seien einige wichtige Kennzeichen göttlicher Menschwerdungen verzeichnet, von denen der Swami meint, sie seien in Jesus Christus erfüllt: 1. Die göttlichen Menschwerdungen sind sich der Aufgabe, deretwegen sie in die Welt kommen, voll bewußt. [...] 2. Sie erkennen die Lebensnot des Zeitalters, in welchem sie erscheinen, auch wenn die Menschen ihnen gegenüber gleichgültig sein sollten. Jesus kam, um den Geist der Religion, das wahre *dharma*, wiederherzustellen; dazu verwarf Er den jüdischen Ritualismus auf der einen und den griechisch-römischen Materialismus auf der anderen Seite. 3. Obgleich sie bereitwillig zum Wohl der Menschheit menschliche Begrenzungen auf sich nehmen, führen sie dennoch ein tiefempfundenes ›Gott-bewußtes Leben‹. Obgleich Jesus Gott gleich war, nahm Er das nicht als ein Vorrecht, sondern war demütig genug, die Gestalt eines Dieners anzunehmen. [...] 4. Sie sind Bindeglieder zwischen Gott und Mensch und führen Menschen zu Gott. [...] 5. [...] sie wissen immer, was in den drei Zeiten geschieht, in Vergangenheit, Gegenwart und Zukunft. [...] 6. Sie verstehen menschliche Schwächen, verhalten sich angesichts ihrer nachsichtig und bezeigen ihren Schülern Treue und Liebe. [...] 7. Die Menschwerdungen haben, da sie Manifestationen Gottes sind, die Kraft der Gnade. ›Die Brise der göttlichen Gnade bläst beständig, doch nur die Person, die stark genug ist, ihre Segel zu entfalten, kann sich ihrer erfreuen.‹ Man kann Gottes Gestalt nur empfangen, wenn man aufrichtig bereut und sich zu Gott hinwendet.«[22]

Es würde zu weit führen, alle diese Einzelaussagen an Jesus im Detail als erfüllt nachzuweisen. Für die Darstellung hier reicht es aus zu begreifen, daß auf diese Weise der größte Teil der christlichen Dogmatik im Sinne der Christologie in die hinduistische Sichtweise einbezogen ist, so daß in diesem Falle ganz besonders der »inklusive« Charakter des modernen Hinduismus zum Vorschein kommt.

Die drei vorgeführten Beispiele Judentum, Islam und Hinduismus können zeigen, daß Jesus längst nicht mehr zum Sondergut der Christen gehört, sondern weit über die christliche Religion hinaus wirksam ist. Gleiches gälte, würde man die hier nicht mehr behandelten, sondern nur einleitend angedeuteten anderen Beispiele mit hinzuziehen, so daß es nicht übertrieben ist zu sagen, daß heute Jesus der ganzen Menschheit gehört. Innerhalb wie außerhalb des Christentums aber ist – das wurde in diesem Buch gezeigt – das Jesus-Bild alles andere als einheitlich. Deshalb kann am Ende dieses Buches auch kein Fazit, sondern nur ein Epilog stehen.

Epilog

Die Ausführungen dieses Buches sind vielfach zum selben Ergebnis gekommen: Der historische Jesus ist nicht mehr eruierbar. Wo immer wir auf Zeugnisse über Jesus stoßen – sei es im Neuen Testament, in der frühchristlichen Tradition, in der Wirkungsgeschichte und Christologie oder außerhalb des Christentums –, ist die Information über ihn stets mit einer Deutung verbunden, die gestalterisch alles so zusammenfügt, wie es dem Glauben der Verfasser und Interpreten entspricht. Sowohl innerhalb als auch außerhalb des Christentums wird daher das Bild Jesu in vielfältigen Farben und Schattierungen gemalt und sagt meist mehr über die ihn Dastellenden aus als über ihn selbst.

Wer dieses dichte Geflecht von Deutung und historischen Fakten aufzulösen versucht, steht schnell vor Ungereimtheiten und spärlichem Faktenbefund, der sich kaum für eine wirklich tragfähige Biographie Jesu eignet. Von Anfang an sind Deutungsmuster in die Berichte über ihn eingeflossen und so eng mit den historischen Fakten verwoben, daß noch nicht einmal die These von einer langsamen Mythenbildung greift, weil bereits in den frühesten Quellen beides nebeneinander existiert. Dabei kommen jüdische Lesarten ebenso zum Tragen wie hellenistisch-griechisches Gedankengut. Unterschiedliche Erwartungen und Hoffnungen sind durch die frühchristliche Predigt erfüllt worden: die Erwartung des Messias wie die Hoffnung auf einen Heiland und Herrn, verbunden mit Anweisungen zum richtigen Verhalten. Und was für die erste Zeit gilt, hat seine Entsprechungen auch in den späteren Jahrhunderten.

Das Merkwürdige an dieser Jesus-Geschichte ist, daß die eigentliche Christentumsgeschichte erst nach dem Tod Jesu beginnt und ein Ereignis als Ausgangspunkt hat, das man das Osterereignis nennt. Dieses bewirkt, daß Jesus selbst zur Kernaussage der Verkündigung wird. Dadurch unterscheidet sich diese Verkündigung von der jüdischen Jesus-Bewegung des historischen Jesus von Nazareth, der das Kommen der Gottesherrschaft angekündigt hat. Somit stellt das Osterereignis den Übergang vom verkündigenden Jesus von Nazareth zum verkündigten Christus des Glaubens dar und legt damit den Grundstein für die Christologie und die christliche Lehre von Gott. Was dies bedeutet, ist von Anfang an verschieden gedeutet worden. Mitunter wurde durch Grundsatzentscheidungen der kirchlichen Würdenträger der Rahmen für zulässige wie unzulässige Interpretationen abgesteckt: Die Dogmatisierung des Glaubens hatte begonnen. Jede Etappe dieses Prozesses eröffnete neue Interpretationsspielräume, so daß die Variationsbreite der Aussagen bis heute sehr groß ist und verschiedene Jesus- bzw. Christus-Bilder präsentiert: Jesus der Prophet der letzten Tage, der politische Revolutionär, der charismatische Wundertäter, der Heiland, der Herr, der Gottmensch, der Weltenherrscher, der Richter, der Mann der Schmerzen, der neue Adam, der Prototyp des idealen Menschen und vieles mehr. Glaube und Frömmigkeit kommen auf diese Weise zusammen und regen das Denken und die philosophische Spekulation an. So werden die Aussagen im Laufe der Geschichte immer konkreter, die historische Person Jesu dagegen immer weniger greifbar. Interessanterweise hat dieser Tatbestand bislang der Beschäftigung mit Jesus keinen Abbruch getan, im Gegenteil, selbst außerhalb des Christentums hat man sich intensiv mit ihm beschäftigt. Auf diese Weise sind neben die christlichen Jesus-Bilder auch nichtchristliche getreten: jüdische, islamische und hinduistische, um nur die großen Traditionen dieser Beschäftigung mit Jesus zu nennen.

In dieses Dickicht der Deutungen und Entwürfe etwas Orientierung zu bringen ist die Absicht dieses Buches gewesen. Sein Ziel ist erfüllt, wenn es gelungen ist, die vielfältigen Facetten dieses Phänomens soweit aufzulisten und vorzustellen, daß nun die gezielte Suche nach Einzelaspekten beginnen kann, denn wie immer man zu Jesus stehen mag, er zieht nach wie vor Milliarden Menschen in seinen Bann, er ist in der Tat einer von jenen Menschen, die die Welt verändert haben.

Anhang

Anmerkungen

1 Die Zitierweise erfolgt – wie bei allen anderen Texten der Bibel auch – nicht nach Seitenzahlen, sondern so, daß zuerst die betreffende Schrift (d.h. das biblische Buch) meist in abgekürzter Form benannt, dann das betreffende Kapitel (d.h. der Textabschnitt) und schließlich innerhalb des Kapitels der entsprechende Satz (d.h. der Vers) anhand der in den Bibelausgaben angegebenen Zählung genannt wird, wobei häufig Kapitel untereinander durch Semikola unterschieden, die Kapitel von den Versen durch Kommata getrennt und die Verse untereinander durch Punkte unterschieden werden. In jedem Falle ist die Interpunktion so zu wählen, daß immer klar wird, ob es sich bei den Zahlen um Kapitel- oder Versangaben handelt. Die Verwendung eines f. oder s. hinter einer Versangabe besagt, daß dieser und der folgende Vers gemeint sind, während ff. bzw. ss. auf den genannten und weitere folgende Verse hinweisen. Gleiches gilt auch für die Nennung mehrerer Kapitel eines biblischen Buches.

2 Wegen der Kürze des Briefes wird er – wie der 2. und der 3. Johannesbrief auch – nur nach Versen ohne Kapiteleinteilung zitiert!

3 Jürgen Becker, Jesus von Nazareth, Berlin/New York 1996, S. 26.

4 Hartmut Stegemann, Die Essener, Qumran, Johannes der Täufer und Jesus, 4. Aufl., Freiburg/Basel/Wien 1994, S. 342f.

5 Franz Cumont, Die orientalischen Religionen im römischen Heidentum, nach der vierten franz. Aufl. unter Zugrundelegung der Übersetzung Gehrichs bearb. von August Burckhardt-Brandenburg, 4. Aufl., Stuttgart 1959, S. 178f.

6 Hans Küng, Eine christliche Antwort, in: ders. u.a., Christentum und Weltreligionen. Hinführung zum Dialog mit Islam, Hinduismus und Buddhismus, München/Zürich 1984, S. 191.

7 Die folgenden Zitate sind übernommen aus: Ludwig Hagemann, Was glauben Christen? Die Grundaussagen einer Weltreligion, Freiburg/Basel/Wien 1991, S. 80ff., wo auch die Fundstellen für diese Texte angegeben sind.

8 Oskar Pfister, Das Christentum und die Angst. Eine religionspsychologische, historische und religionshygienische Untersuchung, Zürich 1944.

9 Tilman Moser, Gottesvergiftung, Frankfurt/M. 1976.

10 Vgl. dazu mit Blick auf Feuerbach: Hans Waldenfels, Kontextuelle Fundamentaltheologie, Paderborn/München/Wien/Zürich 1985, S. 41 f.

11 Ludwig Feuerbach, Das Wesen des Christenthums (Sämtliche Werke, Bd. 6), durchges. und neu hrsg. von Wilhelm Bodin, Stuttgart/Bad Canstatt 1960, S. 236.

12 Ebenda, S. 72.

13 Ebenda, S. 82.

14 Umberto Eco, Das Foucaultsche Pendel, München/Wien 1989, S. 753.

15 Ralf Geisler, Das Eigene als Fremdes. Chancen und Bedingungen des christlich-islamischen Dialogs (Reihe: Mensch – Natur – Technik. Beiträge aus christlicher Perspektive, Bd. 1), Hannover 1997, S. 31 f.

16 A. Schilson, »Gott wird immer mehr Mensch« (D. Sölle). Aspekte eines postchristlichen Humanismus, in: Menschwerdung Gottes – Vergöttlichung des Menschen, hrsg. von D. Zeller, Freiburg/Schweiz 1988, S. 177-215, hier S. 179 f.

17 Zur Information hierüber vgl. im Internet unter der Adresse http://www.uni-goettingen.de in der Theologischen Fakultät das entsprechende Forschungsprojekt Religionsgeschichtliche Schule.

18 Gustavo Gutiérrez, Theologie der Befreiung, Mainz 1975, S. 169.

19 Ebenda, S. 170.

20 Ebenda, S. 172.

21 Zit. nach: Stanley J. Samartha, Hindus vor dem universalen Christus. Beiträge zu einer Christologie in Indien, Stuttgart 1970, S. 98.

22 Ebenda, S. 75 f.

Literaturhinweise

Franz Alt, Jesus – der erste Mann, München 1992.
Arnold Angenendt, Geschichte der Religiosität im Mittelalter, Darmstadt 1997.
Peter Antes, Christentum. Eine Einführung, Stuttgart/Berlin/Köln/Mainz 1985.
Ders., Christentum, in: ders. (Hg.), Die Religionen der Gegenwart. Geschichte und Glauben, München 1996, S. 44-65.
Ders., Jesus, in: ders. (Hg.), Große Religionsstifter. Zarathustra, Mose, Jesus, Mani, Muhammad, Nānak, Buddha, Konfuzius, Lao Zi, München 1992, S. 49-71.
Jürgen Becker, Jesus von Nazareth, Berlin/New York 1996.
Klaus Berger, Darf man an Wunder glauben?, Stuttgart 1996.
Ders., Qumran und Jesus. Wahrheit unter Verschluß?, Stuttgart 1993.
Ders., Wer war Jesus wirklich?, Stuttgart 1995.
Otto Betz/Rainer Riesner, Jesus, Qumran und der Vatikan. Klarstellungen, Gießen/Freiburg/Basel/Wien 1993.
Wolfgang A. Bienert, Dogmengeschichte. Grundkurs Theologie, Bd. 5, Stuttgart/Berlin/Köln 1997.
Eugen Biser, Einweisung ins Christentum, Düsseldorf 1997.
Herbert Braun, Jesus. Der Mann aus Nazareth und seine Zeit, Stuttgart/Berlin 1969.
Caroline Walker Bynum, Jesus as Mother and Abbot as Mother: Some Themes in Twelfth-Century Cistercian Writing, in: Dies., Jesus as Mother. Studies in the Spirituality of the High Middle Ages, Berkeley/Los Angeles/London 1982, S. 110-169.
John Dominic Crossan, Der historische Jesus, München 1994.
Dalai Lama, Das Herz aller Religionen ist eins. Die Lehre Jesu aus buddhistischer Sicht, Hamburg 1997.
Eugen Drewermann, Jesus von Nazareth. Befreiung zum Frieden, Bd. 2: Glauben in Freiheit, Düsseldorf 1996.
Jacques Duquesne, Jesus. Was für ein Mensch, Düsseldorf 1997.

Joachim Gnilka, Jesus von Nazareth. Botschaft und Geschichte, Freiburg/Basel/Wien 1990.

Günter Grönbold, Jesus in Indien. Das Ende einer Legende, München 1985.

Ludwig Hagemann, Was glauben Christen? Grundaussagen einer Weltreligion, Freiburg/Basel/Wien 1991.

Hans-Peter Hasenfratz, Das Christentum. Eine kleine »Problemgeschichte«, Zürich 1992.

Roman Heiligenthal, Der Lebensweg Jesu von Nazareth. Eine Spurensicherung, Stuttgart/Berlin/Köln 1994.

Ders., Der verfälschte Jesus. Eine Kritik moderner Jesusbilder, Darmstadt 1997.

Adolf Holl, Jesus in schlechter Gesellschaft, 5. Aufl., München 1983.

Rudolf Hoppe, Jesus. Von der Krippe an den Galgen, Stuttgart 1996.

Helmut Jaschke, Gott Vater? Wiederentdeckung eines zerstörten Symbols, Mainz 1997.

Jesus. Ein revolutionäres Leben, München 1996.

Art. Jesus Christus, in: Theologische Realenzyklopädie, hrsg. von Gerhard Müller, Bd. 16, Berlin/New York 1987, S. 670-772 und Bd. 17, 1988, S. 1-84.

Hans Küng, Das Christentum. Wesen und Geschichte. Die religiöse Situation der Zeit, München 1994.

Alfred Läpple, Der andere Jesus. Ketzer und Poeten, Spötter und Philosophen über Jesus, Augsburg 1997.

Gerd Laudert-Ruhm, Jesus von Nazareth. Das gesicherte Basiswissen. Daten, Fakten, Hintergründe, Stuttgart 1996.

Eduard Lohse, Paulus. Eine Biographie, München 1996.

Ders., Umwelt des Neuen Testamentes, 2. Aufl., Göttingen 1974 (Reihe Grundrisse zum Neuen Testament, Ergänzungsreihe, Bd. 1).

Günter Lüling, Die Wiederentdeckung des Propheten Muhammad. Eine Kritik am »christlichen« Abendland, Erlangen 1981.

Helmut Merklein, Die Jesusgeschichte synoptisch gelesen, Stuttgart 1987.

Christa Mulak, Jesus – der Gesalbte der Frauen, Stuttgart 1987.

Kurt Nowak, Das Christentum. Geschichte, Glaube, Ethik, München 1997.

Antonio Piñero, Der geheime Jesus. Sein Leben nach den apokryphen Evangelien, Düsseldorf 1997.

Heikki Räisänen, Das koranische Jesusbild. Ein Beitrag zur Theologie des Korans, Helsinki 1971.

Ders., Marcion, Muhammad and the Mahatma. Exegetical Perspectives on the Encounter of Cultures and Faiths, London 1997.
John A.T. Robinson, Wann entstand das Neue Testament?, Regensburg 1986.
Eugen Ruckstuhl, Jesus, Freund und Anwalt der Frauen. Frauenpräsenz und Frauenabwesenheit in der Geschichte Jesu, Stuttgart 1996.
Stanley J. Samartha, Hindus vor dem universalen Christus. Beiträge zu einer Christologie in Indien, Stuttgart 1970.
E. P. Sanders, Sohn Gottes. Eine historische Biographie Jesu, Stuttgart 1996.
Claus Schedl, Muhammad und Jesus. Die christologisch relevanten Texte des Koran, neu übersetzt und erklärt, Freiburg/Basel/Wien 1978.
Edward Schillebeeckx, Jesus. Die Geschichte von einem Lebenden, 7. Aufl., Freiburg/Basel/Wien 1980.
Annemarie Schimmel, Jesus und Maria in der islamischen Mystik, München 1996.
Heinz Schürmann, Jesus – Gestalt und Geheimnis, hrsg. von Klaus Scholtissek, Paderborn 1994.
Elisabeth Schüssler Fiorenza, Zu ihrem Gedächtnis ... Eine feministisch-theologische Rekonstruktion der christlichen Ursprünge, Gütersloh 1993.
Eduard Schweizer, Jesus, das Gleichnis Gottes. Was wissen wir wirklich vom Leben Jesu?, Göttingen 1996.
Morton Smith, Jesus der Magier, München 1981.
Yorick Spiegel/Peter Kutter, Kreuzwege. Theologie und psychoanalytische Zugänge zur Passion Jesu, Stuttgart/Berlin/Köln 1997.
Hartmut Stegemann, Die Essener, Qumran, Johannes der Täufer und Jesus, 4. Aufl., Freiburg/Basel/Wien 1994.
Gerd Theißen/Annette Merz, Der historische Jesus. Ein Lehrbuch, Göttingen 1996.
Theologische Berichte, hrsg. im Auftrag der Theol. Hochschule Chur von Josef Pfammatter und der Theol. Fakultät Luzern von Franz Furger, Bd. VII.: Zugänge zu Jesus, Zürich/Einsiedeln/Köln 1978.
Wilhelm Thüsing, Die neutestamentlichen Theologien und Jesus Christus. Grundlegung einer Theologie des Neuen Testamentes I, Münster 1996.
Mark Tully, Jesus. Prophet, Messias, Rebell?, Köln 1996.
Geza Vermes, Jesus der Jude. Ein Historiker liest die Evangelien, Neukirchen-Vluyn 1993.

Anton Vögtle, Die Gretchenfrage des Menschensohnproblems. Bilanz und Perspektiven, Freiburg/Basel/Wien 1995.
Was Jesus wirklich lehrte. Die authentischen Worte des historischen Jesus, München 1997.
Dieter Zeller, Mysterien/Mysterienreligionen, in: Theologische Realenzyklopädie, hrsg. von Gerhard Müller, Bd. 23, Berlin/New York 1994, S. 504-526.

Zeittafel

1010 v. u. Z.	Zusammenschluß der israelischen Stämme zu einem Staatsverband unter König Saul. Ausdehnung des Reiches auf das heutige Jordanien und Syrien unter König David (1004-965 v. u. Z.) und König Salomon (965-926 v. u. Z.). Jerusalem wird Heiligtum des einen Gottes Jahve, Tempelbau.
920 v. u. Z.	Nach dem Tod Salomons Spaltung des Reiches in das Nordreich Israel und das Südreich Juda.
720 v. u. Z.	Untergang des Nordreiches Israel, das zur Provinz Samaria des assyrischen Reiches wird.
700-400 v. u. Z.	Zeit der Propheten.
587 v. u. Z.	Eroberung des Südreiches Juda und Zerstörung des salomonischen Tempels in Jerusalem durch den babylonischen Herrscher Nebukadnezar mit anschließender Verschleppung großer Teile der Bevölkerung.
586-583 v. u. Z.	Babylonisches Exil.
539/538 v. u. Z.	Der Perserkönig Kyros II. erobert das babylonische Reich und gestattet den Israeliten die Heimkehr.
ab 520 v. u. Z.	Wiederaufbau des Tempels in Jerusalem.
332-323 v. u. Z.	Alexander d. Gr. unterwirft Palästina griechischem Einfluß.
175-164 v. u. Z.	Der syrische Herrscher Antiochus unterjocht die Juden, entweiht den Tempel und verbietet die Ausübung jüdischer Religionsbräuche.
ab 164 v. u. Z.	Unter der Führung des Judas Makkabäus befreien sich die Juden und reinigen den Tempel (Makkabäeraufstand). Wiedererrichtung des judäischen Königreiches; Rabbiner bringen den jüdischen Glauben zu neuer Blüte.
142-63 v. u. Z.	Herrschaft der Hasmonäer in Palästina.
63 v. u. Z.	Das römische Reich unter Pompejus unterwirft das jüdische Reich.

37-4 v. u. Z.	König Herodes d. Gr. regiert Judäa und die angrenzenden Gebiete unter der Oberhoheit Roms.
31 v. - 14 n. u. Z.	Kaiser Augustus regiert das römische Reich.
6. v. u. Z. (?)	Geburt von Jesus von Nazareth.
4 v. - 6 n. u. Z.	Archelaus Ethnarch in Judäa, Idumäa und Samaria als Ergebnis der nach dem Tod von Herodes d. Gr. durchgeführten Aufteilung seines Reiches. Ab 6 n. u. Z. wird dieses Gebiet der Verwaltung römischer Statthalter direkt unterstellt.
4 v. - 39 n. u. Z.	Herodes Antipas Tetrarch in Galiläa und Peräa als Ergebnis der nach dem Tod von Herodes d. Gr. durchgeführten Aufteilung seines Reiches.
4 v. - 34 n. u. Z.	Philippus Tetrarch im nördlichen Ostjordanland als Ergebnis der nach dem Tod von Herodes d. Gr. durchgeführten Aufteilung seines Reiches.
14-37 n. u. Z.	Kaiser Tiberius regiert das römische Reich.
28 n. u. Z. (?)	Beginn des öffentlichen Auftretens Jesu.
30 n. u. Z. (?)	Kreuzigung und Tod Jesu, danach erste christliche Gemeinden in Jerusalem und Palästina sowie in Teilen des römischen Reiches rund um das Mittelmeer.
37-41 n. u. Z.	Kaiser Caligula regiert das römische Reich.
41-44 n. u. Z.	Herodes Agrippina König der Juden.
41-54 n. u. Z.	Kaiser Claudius regiert das römische Reich.
ab 44 n. u. Z.	Ganz Palästina unter der Verwaltung römischer Statthalter.
54-68 n. u. Z.	Kaiser Nero regiert das römische Reich.
66-73 n. u. Z.	Aufstand gegen die römische Besatzung, als die Römer den Tempelschatz beschlagnahmen. Siebenjähriger Kampf mit Eroberung und Zerstörung des Tempels in Jerusalem 70 n. u. Z. und der Zerschlagung des letzten Widerstandes in der Bergfeste Masada 73 n. u. Z.
69-79 n. u. Z.	Kaiser Vespasian regiert das römische Reich.
132 n. u. Z.	Aufstand der Juden unter Bar Kochba gegen die Römer und endgültige Vertreibung der Juden aus Jerusalem und Palästina durch die Römer.
325 n. u. Z.	Konzil von Nizäa legt fest, daß Jesus Christus Gott Vater wesensgleich ist, und verwirft damit die Lehre

	des Arius, was in der Folgezeit zum Bruch zwischen der abendländischen Kirche und den morgenländischen Christentümern führt.
381 n. u. Z.	Das Konzil von Konstantinopel verkündet die Gottheit des Heiligen Geistes.
431 n. u. Z.	Das Konzil von Ephesus erklärt Maria zur Gottesgebärerin.
451 n. u. Z.	Das Konzil von Chalzedon legt fest, daß Jesus wahrer Mensch und wahrer Gott ist.
1054 n. u. Z.	Die abendländische Kirche spaltet sich in den orthodoxen Osten und die lateinische Westkirche.
16. Jh.	Durch die Reformation zerfällt die lateinische Westkirche in die römisch-katholische Kirche und die protestantischen Kirchen.
16.-17. Jh.	Durch Galileo Galilei und Johannes Kepler wird das geozentrische Weltbild erschüttert und durch das heliozentrische ersetzt.
16.-19. Jh.	Mit der Kolonialisierung weiter Gebiete in Amerika, Afrika und Asien breitet sich auch das Christentum in seiner europäischen Form weltweit aus.
19. Jh.	Durch die Evolutionslehre Darwins verliert der Mensch seine Sonderstellung in der Schöpfung; in der Philosophie verschärft sich die Religionskritik bis hin zur Rede vom »Tod Gottes«; die historisch-kritische Methode findet Anwendung bei der Erforschung biblischer Texte.
20. Jh.	Die Tiefenpsychologie zeigt, daß der Mensch nicht nur willens-, sondern häufig auch triebgesteuert und in seinem Verhalten durch das Unbewußte bestimmt ist. Die ökumenische Bewegung versucht, die Einheit der Kirche in der Vielfalt der verschiedenen religiösen Ausdrucksformen zu erreichen. In der zweiten Hälfte des 20. Jahrhunderts wird die Idee vom Dialog der Religionen geboren und findet konkreten Ausdruck in zahlreichen interreligiösen Begegnungen zwischen Menschen verschiedener Religionen.

Peter Antes, geb. 1942, ist Professor für Religionswissenschaft an der Universität Hannover. Wichtigste Buchveröffentlichungen: Ethik und Politik im Islam (1982); Christentum – eine Einführung (1985); Der Islam. Religion – Ethik – Politik (Hg.) (1991); Große Religionsstifter. Zarathustra, Mose, Jesus, Mani, Muhammad, Nānak, Buddha, Konfuzius, Lao Zi (Hg.) (1992); Die Religionen der Gegenwart. Geschichte und Glauben (Hg.) (1996); Der Islam als politischer Faktor (3. Aufl. 1997).

Ebenfalls im Junius Verlag erschienen:

François Dosse
Geschichte des Strukturalismus
Aus dem Französischen von Stefan Barmann

Band 1: Das Feld des Zeichens, 1945-1966
624 Seiten, Klappenbroschur
ISBN 3-88506-266-6

Band 2: Die Zeichen der Zeit, 1967-1991
624 Seiten, Klappenbroschur
ISBN 3-88506-267-4

Von Frankreich ausgehend, hat der Strukturalismus in den sechziger Jahren die geistes- und sozialwissenschaftlichen Fakultäten der europäischen Universitäten erobert. Anthropologen und Soziologen, Psychologen und Psychoanalytiker ebenso wie Philosophen brachen mit ihren Traditionen; sie hofften, auf der Grundlage einer fachspezifischen Rezeption der strukturalistischen Sprachwissenschaften ein den Naturwissenschaften vergleichbares Instrumentarium zu gewinnen.

François Dosse verbindet die Kenntnis der breiten Werkbasis mit zahlreichen Gesprächen mit den Akteuren, die den gesellschaftlichen Hintergrund und das Klima an den Universitäten spürbar machen. In dieser wohl detailliertesten Auseinandersetzung mit dem Strukturalismus wird die ganze Vielfalt ähnlicher und doch widerstreitender Ansätze deutlich.

»... überaus lesenswert – eine minutiöse Darstellung.«
Tagesanzeiger, Zürich

Ebenfalls im Junius Verlag erschienen:

Christine und Michael Hauskeller (Hg.)
»... was die Welt im Innersten zusammenhält«
34 Wege zur Philosophie

Der Weg zur Philosophie mag steinig und beschwerlich oder einfach zu bewältigen sein. Es gibt Schnellstraßen und Schleichwege, Umleitungen und Direktverbindungen. Die Motive, sich auf diese Reise zu begeben, sind höchst unterschiedlich.

Christine und Michael Hauskeller haben 34 Philosophen und Philosophinnen gefragt, wie sie zur Philosophie gekommen sind. Die Lektüre dieses Buches zeigt: Es gibt viele Wege zur Philosophie.

Mit Texten von:
Karl Albert, Hans Michael Baumgartner, Dieter Birnbacher, Gernot Böhme, Paul Feyerabend, Helmut Fleischer, Manfred Frank, Josef Früchtl, Hans Georg Gadamer, Detlef Horster, Vittorio Hösle, Wolfgang Kersting, Hans Krämer, Sybille Krämer, Hans Lenk, Hermann Lübbe, Matthias Lutz-Bachmann, Odo Marquard, Georg Meggle, Julian Nida-Rümelin, Annemarie Pieper, Otto Pöggeler, Ulrich Pothast, Thomas Rentsch, Heinrich Rombach, Hans Jörg Sandkühler, Martin Seel, Elisabeth Ströker, Albert Stüttgen, Bernhard H.F. Taureck, Ernst Topitsch, Gerhard Vollmer, Wolfgang Welsch und Jean-Claude Wolf.

232 Seiten, Broschur
ISBN 3-88506-264-X

Ebenfalls im Junius Verlag erschienen:

Paul K. Feyerabend
Die Torheit der Philosophen
Dialoge über die Erkenntnis
Aus dem Englischen von Henning Thies

Der österreichisch-amerikanische Philosoph Paul Feyerabend war ein Enfant terrible der Philosophie. Mit unerbittlicher Schärfe hat er die »Expertokratie« und den Dogmatismus im gegenwärtigen Wissenschaftsbetrieb kritisiert. Dabei ist, was er sagt, stets voller Selbstironie. Das berühmt gewordene, oft zitierte »Anything goes« wurde zum Slogan seiner anarchistischen Erkenntnistheorie. Erkenntnis, so Feyerabend, kann nur erlangen, wer sich von sämtlichen Dogmen befreit.

Die erstmals auf Deutsch veröffentlichten Dialoge über Erkenntnis zeigen Feyerabend noch einmal als »Dadaisten einer erklärt ›Fröhlichen Wissenschaft‹«: geistreich und polemisch, witzig und ironisch, dabei aber zugleich von höchster geistiger Spannung.

160 Seiten, Broschur
ISBN 3-88506-240-2